追梦路上

一位数学教师的行与思

赵一峰◎编著

Wuhan University Press
武汉大学出版社

图书在版编目（ＣＩＰ）数据

追梦路上：一位数学教师的行与思/赵一峰编著. —武汉：武汉大学出版社，
2017.6（2022.5 重印）

ISBN 978-7-307-19354-3

Ⅰ．追… Ⅱ．赵… Ⅲ．小学数学课－教学研究 Ⅳ．G623.502

中国版本图书馆 CIP 数据核字(2017)第 112199 号

责任编辑：黄朝昉　　　　责任校对：刘　琼　　　　版式设计：三山科普

出版发行：武汉大学出版社　　（430072　武昌　珞珈山）

（电子邮件：cbs22@whu.edu.cn　网址：www.wdp.com.cn）

印　　刷：北京一鑫印务有限责任公司

开　　本：787×1092　　1/16　　印　张：11　　字数：200 千字

版　　次：2017 年 6 月第 1 版　　2022 年 5 月第 2 次印刷

书　　号：978-7-307-19354-3　　定　价：38.00 元

版权所有，不得翻印：凡购买我社的图书，如有质量问题，请与当地图书销售部门联系调换

序：在教育的天地里舞动梦想

这是一个梦想的时代，从中国梦到个人梦，而教育，无疑是最富有梦想色彩的事业。没有梦想的教育，是急功近利、毫无生机的；没有梦想的老师，是懒惰倦怠、闲散盲目的。优秀的从教者心中都有一个梦，并一直在试图寻找一个放飞梦想的舞台。

有梦想的人是充实的，为梦想努力的人更是幸福的。"幸福"在哪里？朱永新教授说，它在创造中，在服务中，在研究中，在分享中。因为创造、服务、研究与分享的教育"幸福"，在每一个普通的时刻，都会焕发不一样的光彩，在每一个平凡的日子，让我们都能与幸福相伴。

拿起《追梦路上》这本书，就像拿起的是一份沉甸甸的人生厚重。作为一名青年骨干教师，赵一峰老师敬业、好学、勤奋、智慧。多年来笔耕不辍，他的文章都来源于一线的课堂实践，来源于平时的勤奋学习，来源于日常的深入思考。他将阅读、思考、实践激起的心澜起伏流入笔端，倾注于文。品读赵一峰老师的教育思想，读出的是他对教育事业执着的追求、为梦想不懈努力的精神。

这里有"课堂拾贝"。幸福是一种体验，为了让孩子们享受教育的幸福，获得生命的成长，为了在幸福的教育中成就自我，赵一峰老师和他的同事们、同行们，潜心进行着一场革命，一场向传统教学模式叫板的革命。为了更好的明天，他们已经在建设高效课堂的道路上留下了深深的印迹。

这里有"教海串珠"。他不忘研读专业著作，用一双慧眼时刻关注身边的教育，融入自己的思考，写出了他对教育现象的看法，对教育生活的感悟，对教育理想的期盼，对人生的理解，对未来的憧憬。或许只是一些碎片，但经过岁月的洗礼，这些碎片经过拼合成为了美丽的图景，就像把散落的珍珠串成美丽的项链。

这里有"携梦远航"。雅思贝尔斯说："教育就是一棵树摇动另一

1

棵树，一朵云推动另一朵云，一个灵魂唤醒另一个灵魂。"赵一峰老师引领着志同道合的老师们组成了专业发展共同体，倾囊相授，打破教师之间孤军奋战的状态，实现教师共同发展的美好愿景。

教师的真正幸福，来自于与学生的共同成长，来自于对教育事业的无比热爱与忠诚。在赵一峰老师所写文章的字里行间，我们可以看到他一步步的成长足迹，看到他渐渐成长为一名做自己思想主人、富有独特个性、教学风格日渐成熟的教师。

这本书记载了赵一峰老师成长路上的点点滴滴，她或许是百草园的那只蟋蟀，也可能是高尔基笔下高傲飞翔的海燕；或许是苏州园林的亭台一角，亦可能是蠡口家具的源远流长、姿态万千，让人驻足、让人深思。

此为契机，在教育的天地里舞动梦想，我坚信蠡小的每一位老师都能在我们的"百草园"里找到属于自己的舞台，绽放自己的梦想，点燃美好的未来，拥抱盛大的春天。

是为序。

相城区教育局副局长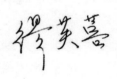
2017 年 4 月

目 录

第一篇

寻梦采珠

寻找核心素养落地的力量

——英国教育访问心得

有一些地方，一定要亲身游历才会牢记；有一些感觉，一定要亲自体验才能懂得。作为一个教育工作者，对于国外的教学体系、教育理念只能从书本中获得一鳞半爪。我们都有一个梦——那就是真正走出国门去亲身感受一下和我们不同的教育，去学习和吸取他们教育的精髓来充实我们的教育教学的内涵。2016 年 9 月 11 日至 9 月 24 日，我们一行 16 人参加"2016 年相城区创新课程教师专项培训团"远赴英国伦敦学习访问。在这特别的 14 天里，从出发时的兴奋，到到达之后的文化震撼；从倒时差，到适应天气、饮食、生活习惯；从英国教育理念的学习到社会文化氛围的切身体验，不一而足。时间虽短，收获颇多。

一、精彩回放

（一）幽默的艾伦教授

本次培训活动安排的内容丰富，形式多样，既有专家教授的理论培训，也有走访学校的实践研究。艾伦是负责我们前 4 天理论培训的教授，虽然已年过花甲，但他治学严谨，语言幽默。艾伦教授就英国教育体系、英国教育的途径和资金来源、总结性评估和教育评估、英国近代教育发展史和现代教育改革的曲折历程、英国中小学学校管理体系及教育方针的制定和具体实施、向学校教育实施的精细化推进等内容跟我们进行了详细的交流，让我们对英国教育的传承、改革、发展，有了全方位的了解。

英国教育改革的经验和教训也引起了大家的深思和共鸣，大家就中英教育的诸多热点问题，如"教育公平""流生问题""分层教学""第三方教育督导对学校管理的利与弊""择校背景下如何提高学校的竞争力""学校领导的权利和责任"等展开了深入的讨论和交流。

（二）校长们的交流介绍

艾伦教授除了自己给我们讲课，还特地邀请了多位一线的校长和专家给我们讲课。

Nadia 是一位小学校长，她向我们介绍了英国的小学教育的课程设置和教师队伍建设。Nadia 校长通过实例，讲述她是如何将一所全英倒数第三、偏僻而又贫穷的渔港小学办成明星学校的故事。Nadia 校长的故事给了团员很多启发，大家纷纷向 Nadia 校长提问，学习气氛非常热烈，为我们在今后的教学课程的合理设置和教师队伍的优化组合上指明了方向。

我们还有幸聆听了一位资深中学校长 John 对学校特色教育——创新教育项目建设的介绍。他的学校以艺术科目作为特色，发展了"创新性学习"。学校以实践性的学科课题研究，诠释着"教育里的美丽风景"，让我们真正认识到了由"学习兴趣""可持续发展""创造力"构成的英国教育的核心素养的主要内容。目前他们正在追求"个性发展"的具有挑战性的全新教育。

英国未来领导人基金会的机构主任 Marina Lin 向我们介绍了基金会的宗旨目标和具体做法。据 Marina Lin 介绍，未来领导人基金会的目标就是负责训练校长，使之成为具有领导人核心价值观念的人，从而成为一个优秀的校长并有效地管理学校。在教师教学行为方面，近年来正在转变教育学生的方式，由从前的强制命令式转变为现在的循循善诱式。如今英国的学校教育更注重教师以身作则，用榜样的力量对学生进行言传身教。

最后一天下午的主讲人是 Barry Huggeff，这位老先生曾被授予英国女王颁发的勋章，因为他为特殊教育做出了积极贡献。通过学习，老师们了解了英国特殊教育的发展，以及英国在特殊教育上各阶段的实施方法。

（三）参观美丽的校园

为进一步了解英国教育的现状与本质，深入把握中英两国在不同文化背景下的教育异同，我们还参观访问了 4 所学校。

第一所参观学习的学校是 Oasis Academy South Bank 学校。学员们受到了校方的热情接待。我们参观了校园建设与文化布置。大家对该校优美的校园环境、别样的英伦文化气息、形式多样的专用教室留下了深刻的印象。之后，学员们走进课堂，实地观摩了英语、西班牙语、地理、数学等各科教学。随后校方还安排全体访问学员与部分学生共进午餐，通过与学生近距离交流来感受英国教育的特色。

在参观的 Sir John Lillie 这所学校时，刚一进门，我们就被浓浓的学校文化所吸引，墙上挂着各届毕业学生的集体照、各种学生的课外活动照，还有学生的手工艺作品，琳琅满目。这所学校建于 1893 年，至今已有 100 多年历史，校长是位名叫 Sue 的女士，年纪不轻但感觉很有活力，她把学校缩写 SJL 换成了另外 3 个字母的含义，即在人生道路上学习成功（Succeeding on the journey of lifelong learning），很有创意，这句话应该是她的办学理念。学校全年开放，上 52 周课，4～11 岁的孩子可以就读，主要学习英语阅读、写作、数学、科学等课程，15:30 后学生留下进行课外的学习，类似于我们以前的放心班。教师都是全科教学，这个比国内教师辛苦多了，好在他们的班级只有 20 来名学生，教师有足够的时间对学生进行个别辅导。

把数学教学作为办学特色的 Grazebrook Primary and Nursery School，是我们参观的第 3 所学校。从校长的介绍中我们了解到现任校长接手时该校是区域内最差的学校，在她的带领下，全校教师进行了课堂教学改革，短短 3 年时间，已跻身于区域内优秀学校之列。我们主要观摩了该校 3～5 年级的数学课，英式课堂中的分层教学更凸显了因材施教的教学理念，并给我们留下了深刻的印象。

参观考察的最后一天早晨，在转了几次地铁和公交后，我们来到位于伦敦北郊的 Kingsbury Green 小学。在校的学生来自不同的国家，有着不同的宗教信仰。让我们佩服的是这所学校不仅水平高，达到国家统一考核标准，而且坚持把为每一个孩子的成长负责作为自己的办学宗旨，并且还创建了属于自己的校园文化。

在整个参观学习的过程中，我们处处能感受到他们长远的教育理念和浓郁的人文情怀。课堂中师生的互动交流，分层教学的有序展开，特殊教育的常态化，学生的动手及社交能力，甚至老师的耐心和肢体语言都给我们极大的震撼。

二、对比深刻反思

（一）英国教育政策法制化

英国教育的法律法规是在经过几十年甚至几百年的实践中逐步形成的，对国家所制定的公开透明的教育法规，人人都要遵守。学校由董事会管理，这是英国中小学管理的特点。学校董事会除负责与当地政府管理社区学校部门协调外，主要负责学校教育教学质量监督、学校发展规划、学校管理制度、学校运行资金和学校对社区的培训服务。校长在董事会的监督下负责学校管理，接受英国教育标准办公室的考核与督导。

英国中小学校长依据英国国家校长标准履职。校长在政府的监管下履行经费支配权、组织领导权、学校人事与资源配置权、教学管理权，负责教师员工招聘与使用，与校董事会配合规划学校前景与目标和办学特色，与当地其他机构联系，与英国教育标准评价办公室保持联系并接受督查。

目前，我国正在深入推进依法从教。学校应依法建立健全各种制度、依法规范办学行为、依法坚持民主管理、依法保障教师权益、依法维护学生权利。教育行政主管部门和整个社会都来监督学校的依法办学行为。在全面推进法制化的今天，我们的教育法制化道路也正逐步走向成熟。

（二）英国教育体制科学化

英国实行"全纳教育"，在整个英格兰也只有 2 所特殊教育学校，普通学校要接纳所有的适龄学生，而不论儿童处于何种身体、智力、社会、情感、语言及其他状况。"全纳教育"主张教育者全面、客观、不偏不倚地帮助每一个学生健康成长，让学生在学习过程中感受到成功、自信、自我实现。这个理念和我国"新课标"所倡导的"面向全体学生，以人为本"的教育理念十分相似。但是在吸纳全部学生的同时，学校教育中特别注重分层培养，因材施教。在授课方式上，英国采用小班型授课与个人辅导的方式，他们一个班学生都仅 20 多人，老师可以充分兼顾到每一个学生。他们非常尊重学生，认为每个学生都重要。即使是那些身体或智力等有残疾的孩子，一样都在普通的学校与其他的孩子一起接受教育。英国政府花巨资为每个班级都配备专门的辅助教师，这些老师在课余时间辅导一些需要特殊照顾的学生。对于学生个体心理健康成长而言，个人辅导显得益处多多。

我们中国，特别是我们苏州地区，在学校领导和教师的头脑中也应该深深地印入面向全体学生，同时要关爱帮助特别学生的观念。但是从实际情况来看，我们的班级人数高达 50 多人，任课教师在完成正常的教学任务后很少有时间和精力去特别关注那些需要帮助的孩子，真是心有余而力不足。在今后的工作中，我们也可以去尝试和探索一下差异培养、分层教学、重点关注等新的做法，来更好地关注学习和生活中需要更多帮助的孩子。

（三）英国教育质量标准化

为了更客观公正地评价，并起到监督激励的作用，英国有一个专门的机构——教育标准办公室（OFSTED），负责评估各类教育管理及质量评估，为英国政府和议会制定政策提供中立意见，并每年向议会提供教育经费报告。这个机构每 3～6 年督查一次，并随时抽查。测评内容主要有：①学校基本信息。②学校基本概况，学生数、班级、教职工、设施等。③自上一次评鉴后有哪些进步。④针对孩子的健康给予的帮助。⑤学生学习成就，即学生进步情况、学生的学习表现、学生的行为与安全，帮助孩子收获更多，享受教育的情况。

⑥帮助孩子做出贡献。⑦学校财务状况。⑧学校的管理和组织，学校的领导与管理水平，教师教学水平。⑨需要提高的地方及如何保证今后的进步。⑩建议。OFSTED 评定标准分为为 4 个等级：outstanding（杰出）、good（好）、satisfactory（满意）、inadequate（不合格）。很多学校因达到 outstanding（杰出）标准而自豪，有问题或不合格的学校日子不好过，教育标准办公室对问题学校或不合格学校每 10～12 周督查一次，连续 2 年不合格，董事会和校长要被替换，当地政府要选派新校长。令我觉得最合理的一点就是评价一个学校不是只注重学生成绩、办学成绩等几个方面，而是主要看学生在这个学校提高的幅度。在我们国家的教育体制下如何更客观公正的评价学校，促进每个学校都能长远有效的发展，的确是很大的课题。

（四）英国学校管理自主化

在英国，作为一个学校的校长，在学校的内部管理中，他有充分的自主权，能按照自己的价值观管理学校。只要坚持依法办学，能够顺利通过教育标准办公室的督导考核，至于平时的学校管理、教师管理、后勤财务管理全部由校长自主进行。这一点给校长很多展示才能的机会，每个学校都可以根据学校的特点、教师的特长和学生实际情况来设置自己的教学理念，非常个性化。这让我很快联想到了我们国家目前在学校的内部管理中，学校校长在自主管理学校方面还有很多掣肘，来自政府和社会方方面面的因素，很大程度上干扰了学校的内部管理，校长可能更多地忙于应付各类检查评比等事务性的工作，没有更多精力去个性化地管理学校，所以我们很多学校在个性化发展方面还有很大的提升空间。

（五）英国教育理念人本化

英国教育的人本化、家校配合等也给我们留下了深刻的印象。英国教育坚持以儿童为中心，认为每个孩子都重要，教育不仅关注教学，更关注孩子的成长。作为教师不仅要懂得教学大纲和教学内容，还要了解孩子的需求，不断创新教育方法。不仅要帮助孩子学会记忆，还要启发孩子思考，有想法，有创意，能交流交际。英式教育相当尊重孩子——了解孩子的喜好，支持孩子的选择，鼓励孩子独立成长。他们让所有的孩子感受学习中的快乐，他们给予学生多方面展示自己的平台，并且能够站在学生的角度来思考教学。英国教育更注重培养在校学生的责任心，并以实践为主，保证个人能力达到最高水平。学校不仅是教育机构，而且是一个综合机构，学校教育努力培养"全人"。

三、理念借鉴学习

（一）和谐平等的课堂氛围

在我们走访学校的期间，一点也感受不到所谓的"师道尊严"，老师和学生是一种绝对平等的关系。老师很注意维护学生的自尊心，很少进行个别提问，怕学生回答不上来，挫伤学生的积极性，影响学生的上课情绪。在学生小组讨论时，老师会在桌子旁蹲下身来，认真听取学生们的讨论结果，或给予适当的指导，没有半点架子。对于学生回答的问题很少否定，多使用鼓励的方式给予评价，有时他们会准备像糖果、铅笔之类的小礼品送给学生作为鼓励。回想我们的课堂，其实在很多地方老师们也都做得非常好，非常尊重学生，努力创设一个和谐平等的课堂氛围，但是仍然存在"师道尊严"的观念，没有真正放下老师的架子。和学生能够平等相待，这也是我们需要努力的方向。

（二）"尊重差异"的教育观念

英国教育注重培养学生掌握知识、自主学习的能力和孩子的独立性，重视学生投入参与，体验进步的过程，他们的情感教学很成熟，在课堂中，英国老师尊重学生的差异，即使对后进生也有专门的助教耐心辅导，不轻易对学生说"You are wrong"，而是经常在学生回答问题后问"why"或"how"，尊重每个孩子自己的想法。在教育评价过程中更注重对孩子不同的进步予以表扬和鼓励。在生活中老师会更多了解和培养学生多方面的喜好，支持他们自己做出选择，鼓励他们独立成长，给予他们更多展示自己的舞台。在英国的中小学，教室里、走廊墙壁上贴满了学生五花八门的作品，有画画、写作、信件、建议……有时看起来甚至有点乱，但师生们都非常喜欢这样的方式，学生看到自己的杰作很得意。对比之下，我们的教育似乎更重视整齐划一的结果，得了多少分，考了什么大学。我们重视传授学生知识和考试技能，更多地在乎关于 what 的答案。值得我们注意以及需要改进的是，有时我们总想用统一的要求去衡量学生，却忽略了学生的差异性，限制了不同学生的能力与思维发展。我们需要更新一种观念，那就是：没有差生，只有暂时的学习速度快慢的差异，只有不同年龄阶段兴趣发展不同的差异。

（三）"创新意识"的着重培养

没有创新，人类社会就不会有进步。创新意识的培养必须从小开始，所以英国教育十分重视学生创新意识和创新思维的培养。这不仅表现在学校课程的设置方面，而更重要的是表现在教师的课堂教学中。除了英语、数学、科学和信息技术（ICT）四门主科之外，学校还开设了人文课程（历史和地理）、美术、音乐、文体、园艺、烹调、陶艺、旅游与休闲、商业与经济、媒体等五花八门的课程。除了主科之外，学生还可以自由选修几门自己感兴趣的课程并进行考试。通过选修，学生可以更好地发掘出自己在某一方面的潜能，享受一定的自由空间，在兴趣的基础上进一步培养自己的创新能力。

英国学校教育很重视学生动手能力的培养。无论上什么课，老师都会要求学生用比较直观的形式把所学的内容表现出来。学生可以通过自己画一幅画，或制作一张卡片，或用海报的形式展示出来。我们的课堂也应该以学生为中心，通过活动培养学生的兴趣与信心，让学生自己去探索，发现知识，掌握技能。从参观交流中，我们看到英国的中小学的课堂教学已充分体现了这种以学生为中心，从做中学的现代教学理念。不可否认，由于教育体制的限制以及沉重的课程负担，我们灌输式的课堂虽然能让学生获得知识，但我们对学生的想象力与创造力的培养和发展重视程度是不够的，而我们现在所要求的人才不仅要具备扎实的知识基础，更重要的是要富有丰富的想象力和创造力，如果我们能适当减少学生的负担，更多地注重学生想象力和创造力的培养，让学生从做中学，从学中思，从思中找，我想我们的学生将会是世界一流的。

（四）"团队精神"的深入人心

在英国培训学习期间，让我们感受颇深的是英国教育所强调的"团队精神"。我们在观摩英国的教师上课时常会发现，老师讲了一些概念性或理论性的知识后，接着就要求学习者结合实际进行分组讨论。小组讨论中，每个小组成员都要就一个话题表述自己的观点，最后达成一致，形成小组的共同观点。在总结的时候，每个小组还要派出代表发言。发言完毕后，老师和其他小组成员还要提问。这就要求各小组成员团结合作，求同存异，共同完成学习任务。小组讨论或争论是大中小学最普遍的一种教学形式。它的优点不仅仅是让每个学员都有参与学习活动的机会，更重要的一点就是培养学生相互配合、齐心协力的合作精神。

赴英培训和学习的短短十几天，对于历史长河来说，不过是沧海一粟，但对于我来讲，却是一段奇妙的尘缘。这段时间，在我的人生画卷中注定将成为特别厚重、艳丽的一笔；我与各位学员和我们尊敬的老师之间所度过的无数个精彩瞬间，注定将成为我最甜蜜的回忆。

彰显教育智慧，关注学生成长

——杭州天长小学跟岗培训感悟

天长小学创办于 1927 年，坐落于美丽的西子湖畔，学校秉承"开发潜能、发展个性、尊重差异、力求卓越"的办学理念，坚持"面对有差异的学生，实施有差异的教育，促进有差异的发展"。开放、大气、人文、和谐已成为天长小学教育文化的显著特征。这次，我们一行七人有幸在天长小学跟岗学习，走进课堂，走近名师，追寻着教育的真谛。十天下来可谓感慨颇丰、收获良多，我想主要从三个方面来谈谈这次天长之旅的体会。

一、基于公办教学的温和的课程改革

天长小学聚集了杭州市众多企事业单位高素质人才的子女，生源优质，家长的期望很高。为顺应不同阶层家长及孩子对教学的不同需求，基于公办学校的性质，学校进行了温和的课程改革。天长小学的课程分两大体系，基础性课程和拓展性课程。拓展性课程又细化为综合实践类课程和兴趣拓展类课程。综合实践类拓展性课程包括侧重"德育"的综合课、侧重"实践"的综合课、侧重"研究"的综合课。兴趣拓展类课程包括语言类兴趣课程、思维类兴趣课程、艺术类兴趣课程、生活类兴趣课程、运动类兴趣课程。

这些课程该如何理解和实施呢？天长小学特级教师蒋军晶校长用三句精辟的话作了概括：①基础性课程的改革是"重点"。②综合实践类课程的改革是"难点"。③兴趣拓展类课程的改革是"要点"。怎么理解这三句话？从天长的课表可见一斑，其分四个色系，蓝色为20分钟的晨诵、中午休息、活动和谈话；红色区域是国家规定的基础性课程；白色标注的东坡文化课程，实际是地方课程；黄色的是选修社团，实际是兴趣小组活动，这是校本课程。课表所示，红色占整个课表的绝大多数。蒋校长跟我们直言不讳地说："公办学校都有统考的要求，杭州五六年级统考 4 次，统考等直接作为升初中的依据，还有来自家长的压力，基础性课程一节都不能少。"因此，天长小学的基础性课程改革没有大刀阔斧，而是慎重地增加了"群文阅读""数学实验室"，与英语课程配套的是"国际理解教育"——朗文英语，并配有相应的校本教材。学校开设适宜不同学科的校本课程，来进行分层教育，尊重学生个性差异，发挥学生潜能。

蒋校长的第二句话是"综合类课程的改革是'难点'"。综合类课程有三节，一节是侧重德育的综合实践活动课，是将思想品德课与少先队队课、行为规范达标活动以及与语文学科中的德育内容有机结合起来实施教学。这给了我两点启示：1. 不同学科相关内容可以进行整合，整合后的教材就是学校的校本教材；2. 校本教材要真正做到为课堂教学服务，为学生发展服务。

侧重实践的综合课程空间很大。走进天长小学，你会看到一个很特别的教室——男生教室。里面有男生喜爱的 3D 打印机、建模、乐高组件等器材。原来男生教室是给男生开设综合实践活动课的教室。还有一个女生课堂，开设了烘焙、茶艺、插花、用餐礼仪等适合女生的课程。这是顺应孩子天性开设的课程，同时又体现了天长尊重个性差异，成就孩子梦想的教育理念。

侧重研究的综合课程。整合周边地方资源、家长资源，综合教师牵头，多学科多岗位协调，实施研究性学习。天长开展了"南宋官窑探秘研究""学校不安全行为的调查研究""PM2.5，你关注了吗？——杭州空气质量调查""写生北山街历史建筑"等综合实践性课程研究。天长还改变孩子春游（社会综合实践活动）的模式，采用了二年级、四年级孩子合作走西湖的形式，这既锻炼了孩子的身体，也培养了孩子的协作精神，更实地了解了所在城市著名的人文景观和历史传承。

对于兴趣类拓展课堂，天长小学"玩出名堂"系列校本教材的编写与实施形成了天长小学自己的办学品牌与特色，让学生在玩中学习、玩中成长，践行新课程改革的理念。

由此可见，关于课程改革，开拓基础性课程、综合实践类课程、兴趣拓展类课程之间的关联性显得尤为重要。天长在这方面做得很好，基础性课程中有关于传统文化的部分，设置了天长伢儿练毛笔、天长伢儿学东坡、天长伢儿诵经典、天长伢儿进展馆等综合实践活动，形成课程资源的有效整合，拓宽了学生受教育的渠道。

浸润在天长"自由、开放、大气"的校园文化中，感受着天长浓浓的课改氛围，我们常常将天长与自己的学校进行对比分析。在课程改革这一块，我们可以试着从本校的实际出发，从综合实践活动课和 320 兴趣活动课（社团活动）入手，细化课程分类、丰富课程资源、加强课程指导，也像天长小学一样来一场基于公办教学的温和的课程改革。这样，既丰富了学生的学习内涵，活跃了校园教学氛围，同时，也守住了课程教学的核心——基础性课程。

这样，改革的阻力会减小，而改革的成效将会增加。

二、打造卓越的教研团队

天长小学拥有一支爱学习、善思考、懂教育、会研究的师资团队。他们甘于奉献、追求卓越，他们身上有着天长教师独有的文化气质。他们当中，40%的教师拥有硕士学位或博士、硕士在读。他们凭着开放的教育理念、创新的科研意识、良好的专业素养、敬业的职业操守，培养了一批又一批优秀的天长学子。

在天长多年的办学史上，涌现了一大批非常优秀的教师，其中既有令外界惊叹的 14 名特级教师，又有全国优秀班主任、全国优秀体育教师、全国优秀劳动模范。

天长小学是如何打造这样一支卓越的师资团队的？高段语文组教研组长史剑波老师为我们重点介绍了语文教研组团队的建设。

（一）教研组建设

教研组建设可以归纳为这样几个关键词：特级引领、项目推动、梯度培养、百家争鸣。

1. 特级引领

（1）"老天长"走进天长新课堂

天长孕育出了那么多的特级教师，这是学校的一个优势。充分利用老天长的资源优势，把特级老师重新邀请到天长课堂中来，组成团队，指导新教师不断磨课，在磨课中不断成长。

（2）"廊道教研"——一道靓丽的风景线

学校有一支以行政和教研组长组成的听课团队。听完教师的课堂教学，利用上完课的间歇 10 分钟、5 分钟把老师课堂存在的问题进行交流点评，由于是在廊道内完成，所以称为"廊道教研"。

2. 项目推动

以语文教研组为首，组织策划开展了很多研究性学习项目。

（1）项目 1——群文阅读

这是天长小学很多年前就打造的一个品牌项目。他们编制了自己的校本阅读课程，一年级到六年级共 12 册读本。每班每月用一节语文课，进行群文阅读教学，并开展课例专场探讨活动，以吸引更多的教师加入群文阅读的行列。

（2）项目 2——施老师和你玩童话

很多童话都是老师自己创作的，都是由教研组成员一起策划的。

（3）项目 3——第一学段合作学习

分组：根据孩子的个性、能力分组，小组的人数不同，每一个分组都有自己的理由；

记录：让所有老师参与其中，记录小组的学习状态；

测评：跟踪学生小组，对学生的差异合作小组进行前测后测分析，了解合作学习效率的测评；

汇报：讨论某一问题行成的原因，然后进行汇报，探讨如何解决的对策；

评估：最后让教研员来把脉诊断这样的教研活动。

（4）项目 4——大学科节

两个学科整合在一起，开展研究性学习。利用下午进行研究，为期一个星期。把每个班的学生分成三个小组，每个老师要带一个小组，进行探秘研究，如探秘"南宋官窑"的研究等。

3. 梯度培养

梯度培养主要采取的手段有这样几种：

（1）行政推门听课（廊道文化）

（2）组建赛课团队（不同层次教师参与不同层次的比赛）

（3）创设历练平台（每位教师都要至少准备一节课。多一些接待任务课，进行历练和成长）

（4）教育考察奖励（自己申报，考察奖励）

4. 百家争鸣

结合学校的社团，语文教研组也拥有很多的品牌活动：如故事妈妈进校园、声音的魅力、读吧、三味作文社。这些活动既丰富了语文组的研究内容，也促使教师在研究中不断提升。

（二）我的感受

俗话说得好："百闻不如一见"，从史老师的介绍中，我们深刻地认识到，打造一支卓越的教研团队，是学校扎根教育进行教育科研的根本，是学校蓬勃发展的不竭动力。基于此，我不禁产生了一些思考：

（1）学校优质教研团队的打造离不了专家的引领、磨炼的平台

在天长特级教师的引领下，其教研团队的每一位新教师、每个备课组都要积极磨课，包括所有教研组长、语文组行政人员都要积极参与。基本上，每个教师每学期都要准备好至少 1~2 节课，随时有接待任务课要上。有的教师出现一个星期要上三次公开课的情况，曾有一位青年教师一个学期上了 27 节公开课。在天长教师看来，一个学期没有上公开课，就有被边缘化的危险，高密度磨课是常态，也是一种文化。年轻教师就是在这样"紧张"的状态下激发自己的潜能，用这样的经历和状态来促使自己不断成长。

我们苏州也拥有很多特级教师、名教师、学科带头人，也拥有很多名师工作室。我们的学校可能没有和天长一样的教育文化氛围，我们的教师在甘于奉献、追求卓越上可能还有差距，但文化可以积淀，氛围可以营造，机会可以创造，我们同样可以建立名师引领机制、骨干教师培养机制和年轻教师成长机制，同样可以依托高校培训平台和名师教师工作室，去培养一支优秀的教研团队。

（2）学校教研活动的开展重视过程、着力于研究

天长小学品牌的打造关键在于教研组对项目的扎实研究。每一个项目的研究，从计划——组队——研讨——汇报——探究；从讨论问题原因——探讨解决对策——评估后续效能；从前测分析——后测比较，都是重过程、重体验的，每一个活动的开展都是扎实有效、有条不紊，都上升至理论的高度，以成果的形式展现，最终形成学校的教学品牌。

天长小学不会以行政的力量去推动教师做项目，而是以活动的形式来呈现，吸引感兴趣的教师去尝试，让教师们慢慢去接纳和实践，使越来越多的教师融于教研的氛围，着力于研究，并从中获得团队荣誉归属感。这足以引起我们的深思：在平时的教研活动中，我们是否关注过程性研究？是否将这些研究上升至理论的高度？是否让教师从研讨的活动中获得过成功的愉悦？当然，此时学校对教研活动的安排和指导就显得尤为重要。怎样使教师乐教善教、精研钻研就成了摆在我们教育管理者面前的一大考验。

（三）人人有课题意识，课题研究有实效

天长小学对于教师的课题研究依然是以尊重教师为主，他们的宗旨是课题研究不流于形式，而在于行动。也就是学校对教师的课题研究不作硬性规定，但是人人要有课题意识。而一旦有课题研究，就要好好做，通过课题研究对教育有真正的帮助，同时也有经费的保障，便于教师更好地进行研究。跟岗期间，我们有幸参加了学校重大课题的开题仪式，也旁听了杭州市级小课题的中期报告，还聆听了浙江省重大课题的结题鉴定会，深感他们课题研究的扎实、有效。

三、关注个体成长的学校德育建设

天长的德育建设是在关注学生需求，尊重其个性发展的基础上，有效整合家长资源，以发展学生的综合素质为目的构建的一个活动体系。这一活动体系的形成源于 20 世纪 90 年代天长对课程的整合，源于不同层次儿童对教育的不同需求，源于天长教师的良性竞争和错位互补。

（一）学生需求，尊重个性

天长的学生大多来自机关单位，家长更多关注的是学生的全方位发展。除了书本以外老师还能教给孩子什么？是人际交往、研究性学习还是策划组织能力，等等。教育的外延非常广泛，教育的诉求也是多样的，天长根据实际情况，以发展的眼光策划一系列活动，来实现学生的成长诉求。例如：三年级的豆芽盆景活动，六一冷餐会学习交往，小小政协委员体验如何进行政协提案……我们要思考和学习的是他们的教育理念，理解孩子缺的是什么，他们所处的阶层需要什么，再来组织策划活动，活动中还要不断反思，及时发现问题解决问题，使活动品质得到提升，活动效果得到落实，学生也真正能在活动中得到提高。

（二）家长参与，理解协商

家长是学校德育教育活动中重要的组成部分，天长很好地利用了这些家长资源。让家长参与到学校活动中来，用好家委会、家长微团，甚至让家长来组织策划某些小型活动，来弥补学校没有的资源。例如：参观大型的工厂了解食品生产过程，家长进课堂授课活动，等等。 这些都需要学校和家长的积极沟通，取得家长的理解与支持，学校的德育工作开展起来才会收到事半功倍的效果。

（三）活动丰富，积极参与

天长的活动体系是完备的，一个学生从踏入天长到毕业，大大小小的活动要经历几百项。在这些活动中学生实现了全面发展。天长对于活动的设计可谓煞费苦心。例如创造性地开展春游活动。天长不仅活动丰富而且关注每一个个体，活动的宗旨是人人参与，那些特别需要参与的更要参与。每一次的活动都要经历策划、活动、总结、改善的过程，使活动的品质得到进一步提升。活动不仅立足于学校，也扎根于班级。每个班级都有班级项目、班级文化。教师弱化在班中的权威性，对每个人都很尊重，尽量让每个人全面发展。例如：开展课间十分钟演讲活动，讲讲自己感兴趣的、有研究的东西。这样的活动既兼顾个性又照顾群体。

四、差异教育理念引领下的教学管理

在天长，我们聆听了钟玲主任的教学管理介绍，提炼了六点精华：

（一）备课——标注亮点，拍照反馈

天长教导处每学期组织两次认真工作检查,年级组长给组内教师的备课和

作业标注亮点，并拍下 3 篇优秀个例，3 篇问题个例反馈到教导处，教导处把年级组长的反馈做成 PPT，供分析时展示。

（二）作业——一日一清，双轨评价

天长作业采用一日一清制度，老师将每个学生每天作业情况都记在点名册上。天长的作文批改采用书写和作文双轨评价的方式，书写用分数打分，作文用等第。这就提醒孩子作文誊写要认真，作文的书写质量影响孩子作文得分的高低。

（三）考核——梳理盲点，反思跟踪，及时补救

天长也要接受统考，统考前学校组织模拟考试，然后班级打乱分类，运到外地阅卷，2 位老师背对背打分，取平均分作为学生的真正得分。然后对后30% 的学生分析跟踪，梳理出学习上的盲点，老师分工找出针对性的题目对薄弱环节加强练习，及时补救。这是提高教学质量的有效措施。

（四）活动——项目操作，完善评价

天长的兴趣小组高于我们的水平是因为他们把活动提炼为一个项目来做，对于兴趣小组的评估采用学期星级评估的形式。天长对兴趣小组的评估是根据一个有梯度的可操作的细则来进行的，用以检测兴趣小组的质量。在天长人看来，评价方式影响着孩子、家长对课程的价值判断，评价对课程改革有着决定性的作用。

（五）听课——数量翻倍，跨越学科

天长对新教师的听课操作有更细化的要求，要求五年内新教师每学期听课 40 节以上，而且是跨年级跨学科听课，通过多听课例来形成课感，形成自己的教学风格。

（六）辅导——借助外力，关注个体

天长对因病因事请假的学生采用的是及时补课的形式。对于一些问题学生，天长更是重点关注，邀请社会上在特殊教育领域有着卓越研究的专家进入学校辅导，学校的行政老师更是给予特殊关怀。孩子在智力上可能一时无法改变，但天长保证孩子在学校的每一天都是愉快的。这与天长这么多年一直在做的差异化教育的课题研究有着密不可分的联系。同时，也充分体现了天长尊重学生个性发展的办学理念。

短短十天的跟岗培训，我们的收获是多方面的，涉及学校教育教学管理的方方面面，从理论层面到实际操作，都给了我们很多启示。校园处处彰显着

教育的智慧，时时关注着学生的发展，真正做到了"一切为了学生，为了一切学生，为了学生一切"。感谢区教育局教师发展中心和苏大教育学院组织的这次跟岗培训活动。我将把学到的东西带到自己的学校，运用到自己的教育教学管理工作中去。

第二篇

科研导航

脚踏实地做科研，精益求精树品牌

——《优化学生作业设计与评价 提高教学效益的实践与研究》结题报告

《优化学生作业设计与评价 提高教学效益的实践与研究》是苏州市教育科学"十一五"规划重点课题，2009 年 11 月课题获得立项，课题编号为090801212。

一、课题研究的背景

1. 当前，社会竞争越来越激烈，进而导致教育上的择校现象也与日俱增。在择校热的背后，是义务教育资源配置的不均衡。目前在我国的基础教育领域中，城乡之间、区域之间、校际之间还存在不小的差距，在一些地方，这种差距不是在缩小，而是在扩大。于是，各种各样的教辅用书、参考资料、练习册乘虚而入，使广大师生深受其害，苦不堪言。据调查，目前大多数教师比较重视课堂教学的改革与创新，却对如何利用作业培养学生的学习能力不够关注。教师对作业不加选择、不加设计、不加研究，直接导致了学生作业量的加重。因此，如何优化作业设计，如何减轻教师和学生的作业负担，提高教学和学习的效率，是我们面临的一个严峻问题，也是我们进行本课题研究的初衷。

2. "一切为了每一个学生的发展"是新课程的核心理念，我校"开垦一方孩子自主生长的沃土"的办学理念，则是对这一核心概念的最好诠释。"办学特色上品位，教育质量亮品牌"的办学目标，与苏州市教育局提出的"办好每一所学校，教好每一个学生，发展好每一位教师"的工作理念是一致的。在新课程改革的浪潮中，我校教师接受了新课程、新理念的不断洗礼，并由此深刻领悟了素质教育及新课程的真正意义。通过学习培训，我们惊喜地发现，有相当一部分的教师已经认识到了作业过多、过死给学生身心带来的巨大压力。如何减轻孩子们的作业负担，如何将孩子们从"题海"中解救出来，如何让教师从作业堆中解放出来，实施真正意义上的"减负"，一直都是我们想要解决的问题。

3.2009年2月，学校组织骨干教师前往上海市平凉路第二小学参观学习，他们的作业设计让人耳目一新，也带给我们很大的触动和启示。教师们的清醒认识和大胆创新，为我校全面实施"一页纸"奠定了坚实的基础。我们的课题正是在这样的背景下，本着减轻学生和教师过重的学业负担的原则，让我们的学生健康快乐地成长，让我们的教师实现专业化的发展，从而实现我们学校的跨越式发展，实现真正意义上的"三赢"。

二、课题研究的目标

1.通过研究，在不断的尝试和摸索中，探索适合学生发展的、与新课改相适应的作业形式与内容。

2.通过研究，探索能在最大限度上发挥每一个学生潜能、发展学生个性特长的评价方式，从而为提高教学质量找到一条切实可行的途径。

3.通过研究，形成校本教研成果，如《蠡口实验小学各年级（段）优化作业设计与评价的标准》和《各年级各学科作业资源库》等。

三、课题研究的内容

1.优化作业设计原则的研究；

2.优化作业设计的实践研究；

3.优化作业评价原则的研究；

4.优化作业评价标准的实践研究。

四、课题研究的过程

（一）健全组织，规范管理

一个课题的开展研究，如果没有健全的机构加以领导，没有切实的措施加以保障，那么这项工程就难以长期实施下去，更谈不上有效果。课题成功立项后，我们根据实际的课题研究情况成立了课题领导小组，统一思想认识，加强领导，并成立了工作小组，确保课题研究扎实、有效、深入地开展。

（二）加强学习，开展竞赛

1.抓好校本学习培训

有学习才能有所积淀，有研究才会发现问题，发现问题才能不断反思，善于反思才能不断提升自我。在课题研究的整个过程中，教科室、课题组向每一位研究教师推荐提供了不少作业设计的理论文章和书籍，或打印纸质稿分发到各个年级组，或将电子稿挂至学校网站上，由备课组长进行统一的学习和研讨，如《优化作业评价催发学生生命的劲枝》《作业设计也得"旧貌"换"新颜"》《优化作业批改评价，促进课堂教学增效》等，通过一次又一次的理论学习，对课题实验目标有了更明确的认识。

2．开展作业设计竞赛

课题的理论学习，为课题研究指明了方向和思路，但是课题研究光停留在思想层面是不够的，还需要教师进行教学实践。为了帮助教师提高把握教材的能力，我们在教师中开展了作业设计竞赛活动。大家钻研教材、把握每一课、每一课时的重点和难点，设计好学生作业，避免机械、重复式的作业，多设计开放式、多元化的作业，真正让孩子在精选、精做中产生最大的效益。例如我们在语文教师中开展了语文素养大赛，在数学学科中开展了命题竞赛，在校级比赛的基础上，择优参加区级比赛，严玉秀等 3 位教师获得了一等奖的好成绩。

（三）加强实践，深入研究

1．进行调查设计初稿

在本课题的引领下，我们根据不同学科的特点，在"一页纸"及课题研究正式启动之前，学校教导处、教科室联动德育处，就作业量、作业类型、作业评价等在全校教师、学生及家长中广泛进行调查，搜集第一手资料。针对不同学科、不同年龄段学生的作业情况，结合新课程标准对学生的具体要求，以年级组为单位，在备课组长的组织下，发挥每一位教师的优势，构思、讨论、重组、修改，设计出了"一页纸"的原始稿，并在各个年级中尝试运用。

2．深入研究形成定稿

同时我们以教研组为单位分别列出了 8 个子课题，例如低年级语文组的《新课标下优化小学低年级语文作业设计的研究》，高年级组的《小学高年级语文作业多维评价模式的研究》，低年级数学组的《提高小学数学实践性作业的设计与研究》，高年级数学组的《小学数学有效作业设计的研究方案》，以及英语组的《优化作业设计，提高低年级学生学习英语的积极性》等子课题。这些子课题在学校及教科室的统一管理下，由教研组长领衔主持，并结合每一次教研活动、备课组活动及课题学习、课题观摩课研讨时间，对课题进行不同方面的研究，并有针对性、有目的性地对所在年级的"一页纸"进行磋商、修改，并最后形成定稿，如此以一年为一个周期，不断钻研，不断使用，不断修改，是我校"一页纸"的雏形。

我们将这些语文、数学、英语学科中精心设计出的作业，根据不同学期进行了汇编，各学科各有上、下两册。为了使学生更好地度过假期，我们还设计了各年级假期作业，并将所有作业作为《各年级各学科作业资源库》存档在学校教导处。要说明的是，我们的作业资源库中的作业，并不是一成不变的，而是以六年为一个循环，在下一个六年中，依据学生的不同学情，做出调整和完善，更体现了"以生为本"的理念。

3．不同方式进行评价

（1）等第制：根据学生作业的正确率、作业本整洁度、字迹工整度来评判，大多数学生的作业采用这种评价方式。

（2）等第加星：在上述基础上，也要根据不同学生的不同情况给予特殊评价，可以在原有等第上加一颗星，甚至是两颗星、三颗星，但也不是盲目地乱加，最终目的都是为了鼓励学生，指出其今后努力的方向和奋斗的目标。

①如给学习优秀的学生加星，是为了鼓励其保持良好的学习状态，争取百尺竿头，更进一步；

②给学习中等的学生加星。学生在原本的基础上有进步了，也要鼓励其再接再厉，朝着优秀的方向努力；

③给学习相对困难的学生也可以加星，这些学生往往是得到表扬最少的，他们的作业不一定正确，可是字迹比较清楚，态度非常端正，这时也要抓住时机给予鼓励，并恰如其分地提出改进的方法和努力的方向。

（3）等第加一些鼓励性语言：给学生的作业加上些鼓励性的语言，往往能给学生带来无穷的学习动力。

（4）作业展：

可以是优秀作业展，也可以是有进步作业展，都能激发学生作业的兴趣，发掘出孩子的个性潜能。

4. 不同层面进行评价

①自评：每名学生对自己的作业先进行评价，并说出这样评价的理由，这样能充分调动学生的积极主动性，激发出学生内在的潜能，充满了浓浓的人情味。

②互评：在学生自评的基础上，进行同学之间的相互评价，可以使一些学生看到别人的长处和不足，提高是非评判能力，激发完成作业的热情。

③教师评：这是学校教学中采用最多的手段。

④家长评：让家长也参与到学生作业的评价中，既能让家长清楚地了解自己孩子学习的各种状况，也能帮助教师和学生一起更好地完成作业，提高

教学的效率。

（四）不断总结，提升经验

经过理论学习和实践研究，我们对优化作业设计与评价有了新的认识。

1. 优化作业设计的原则

（1）作业量的控制性

为了更好地巩固所学知识，每个学科都要布置作业，但必须控制好作业的总量，不搞"题海"战，不给学生及老师带来额外的课业负担。我们充分发挥备课组作用，分析学情，精心设计好语文"课课练"、数学"周周练"、英语"单元练"；为了避免作业的机械性重复，避免由于"一页纸"而导致的学生作业量的增加，对教研室下发的和教材相配套的练习，我们不是全部都做，而是有针对性地选作其中的一部分题目。同一学科平行班之间的作业基本达到统一，力争教学"堂堂清"，1-2年级不带书面作业回家，3-6年级家庭作业各学科加起来不超过一个小时。

（2）题型的多样性

泰戈尔说："不能把河水限制在一些规定好的河道里。"如果我们老师每一次布置的作业都是一成不变的，时间一长，学生就会对作业失去兴趣，所以在作业设计中，我们追求作业形式的多样化。而开放性的、没有标准答案的、充满个性的作业最有价值，最能激发起学生的学习兴趣。因此作业的题型不能只限制在基础题上，也要有一定的提高题、拓展题；口头、笔头、动手操作、实践题；做一做、查一查、论一论、评一评、写一写（感受、体验、收获等）等多种实践性和探究性的作业。这样让学生通过自己的观察、参与、实践，对外界信息进行收集、了解及处理，从而开拓自己的眼界，丰富自己的知识面，拓展自己的思维空间。如我们语文低年级学生的日记练习、中高年级的周记练习，以及以阅读为主的"采蜜本"，数学的"作业超市""数学小论文"等，英语的看英语故事书、观看英语小电影等，都是学生作业多样性的最好体现。

（3）作业设计的层次性

学校和班级中，在学习上普遍存在这样三类学生：学习优秀生、学习中等生和学习困难生。有差异的学生做没有差异的作业，势必会造成有的学生"吃不饱"，有的学生"吃不了"的现象。因此我们设计的作业具有层次性（巩固性、拓展性、探索性），还根据学生的爱好或特长，设计一些能凸显不同特长、发挥潜能的作业，让学生可以有选择性地去完成，满足不同层次学生的需求，使全体学生都能得到相应的发展。例如苏教版语文第七册第十课《九寨沟》，在学习完新课后，除了完成相关的练习以外，我们设计了一些练习，供不同特长的学生进行选择。

同时同一个教学内容，对于学习基础较好、接受能力较强的学生，我们选取一些综合性强、灵活性大并有实际操作价值的题型，让他们在巩固已学知识的基础上能有所提高，而对于学习有困难的学生，则让他们只做比较容易的习题，在特殊情况下，还适当地降低作业的难度，并循序渐进地选做略有难度的作业。这样既让学生没有压力，又让每个学生各有所获，并从中体会到作业的乐趣，有利于提高学生完成作业的主动性和积极性。例如苏教版数学四年级上册"找规律"，新授课结束后，我们设计基础练习、变式练习、拓展提高三个方面的练习，让不同层次的学生可以有所选择。

（4）作业巩固的时效性

这一类作业，是教师在学生完成各类作业后，以年级组为单位，在年级组长的带领下，针对本年级学生这一单元的作业完成情况进行汇总、分析，进而找到学生学习中所出现的"断层"，重新设计一些有针对性的作业并及时评价与订正，做到查漏补缺、及时反馈、及时补救。

总之，我们的"一页纸"作业设计，充分体现了作业设计的优化原则，真正做到控制好作业量，设计多样题型及设计有层次的作业，在真正意义上照顾到了不同年龄层次、不同学习能力、不同学习兴趣的学生，让每一名学生都学有所得、学有所长。

2. 优化作业评价的原则

（1）作业评价的及时性

根据学生作业的实际情况，及时进行评价反馈。指出学生作业的优势及需要改进和努力的地方，及时查漏补缺，让学生在原有基础上有所长进。

（2）评价内容的多元化

新课程的评价强调：评价内容从过分注重学业成绩转向注重多方面发展的潜能。而目前我们对学生作业的评价，仍然重结果、轻过程，过多倚重学科知识，特别是课本上的知识。我们所研究的优化作业评价，不仅尝试从学生完成作业的正确率来评价，更重视对学生的解题思路、解题方法、解题过程、作业的整洁度等一系列学习和活动过程的考查，发现和挖掘每一名学生在作业过程中所表现出的实践能力、创新精神、心理素质以及情绪、态度和习惯等综合素质，由此让每一名学生都能尝试成功的喜悦。

（3）评价方式的多样化

①评价方式的多样化

对学生作业的评价，我们不提倡打分，而采用概念相对模糊的等第形式。同时我们的评价也不仅仅局限在等第上面，视学生个体的差异、进步程度及

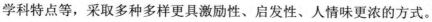

学科特点等，采取多种多样更具激励性、启发性、人情味更浓的方式。

②评价主体的多元化

对学生作业的评价，我们的批改者不再仅仅是教师，而让学生、家长也参与进来。通过学生自评、生生互评及家长评，使评价主体多元化，在一定程度上，激发了学生作业和学习的兴趣，加强了家校互动和联系。

五、课题研究的成果

课题组成员及全体语文、数学、英语教师，经过 3 年多的不断探索和研究，对语文"课课练"、数学"周周练"、英语"单元练"进行删减、调整、重组，"一页纸"在我校取得了喜人的成绩，我们的教师更爱钻研了，把握学科的能力得到稳步提升；学生作业量减少了，个性特长得到了生动活泼的发展；课题研究有了抓手，教研科研迈开了步伐；教育质量稳中有升，教学成果硕果累累。主要表现在以下几个方面：

1. 通过本课题的研究，构建了素质教育的"人本论"

随着课题研究的不断深入，我们惊喜地发现素质教育"人本论"的构建，必须以素质教育思想为指导，面向 21 世纪，研究小学生要达到的素质结构。本课题的研究过程中，我们紧紧抓住了"一基"和"三发"。即强调尊重、关心、理解与信任每一位师生，这是它的基本思想。发现人的价值，发挥人的潜能，发展人的个性，这是"三发"。在学校教育中，不仅尊重优秀生，也要保护所谓"差生"的自尊心，对他们的人格予以尊重、关心和理解，实施爱的教育，让每一个学生都沐浴在"师爱"的阳光之中，千方百计地给他们创造条件和机会，帮助每个学生都获得成功。尊重、关心、理解与相信是建立良好人际关系的基础，也是教育"人本论"的核心。

2. 通过本课题的研究，发展了学生的综合素养

自从课题进行研究以来，从对研究教学的随访调查看，各个年级学生的学习兴趣、学习能力、实践能力及创新能力都有不同程度的提高，学习热情得到激发，学习习惯逐渐养成，学习能力得到稳步提高，综合素养也有了明显的提升。

3. 激发了学生的学习兴趣

以往因为教师的作业只是千篇一律的读读、背背、写写、算算，时间久了学生很容易产生厌烦心理，进而采取马马虎虎、敷衍了事的态度和做法，这在一定程度上使得一部分的学生不能养成良好的学习习惯，直接导致成绩的下滑，进而失去对学习的兴趣。爱因斯坦说："兴趣是最好的老师。"在课题研究过程中，课题组成员想方设法通过不同的作业内容、作业类型、作

业形式和作业评价方式，让其感受作业和学习的乐趣，激发起学生的学习兴趣，使兴趣成为学习活动的主要动力源泉，强化了作业巩固知识环节，拓宽了作业途径，改变了以往学生流于形式或应付教师检查的任务心态，从"要我学"逐渐变为了"我要学"，实现了真正意义上的自主学习。学生近年来积极参加各类学科竞赛，如语文"蒲公英"现场作文大赛近三年获奖人数达795人，二年级的陆天华同学在比赛中脱颖而出，被授予"十佳文学少年"荣誉称号；数学竞赛获奖111人次，仅仅参加的小论文获奖人数就达42人，英语竞赛79人获奖。

4．提高了学生的学习能力

学习活动的主要任务就是培养较高的学习能力。通过本课题的研究，我们无比欣喜地发现，学生的学习能力有了十足的长进，他们不再只是课堂上一味地接受教师的知识灌输，也不再羞于表达自己的发现和见解，他们变得爱观察，善动脑，遇到不解或主动询问老师，或找同伴商量，对于老师的质疑则会毫不留情地来个正面交锋，还会提出自己的假设和猜测。有的学生还在市、区自学能力比赛中屡次获奖。

5．促进了学生的全面发展

课题研究中优化作业设计的原则，改变了以往只重视书本知识，轻生活知识；重读写算机械作业，轻实践操作作业；重教师传授知识，轻学生参观体验；重课内作业，轻课外作业的模式。本课题的研究，则从各个方面、各个角度，全方位地为学生设计不同的作业，在拓宽作业渠道的同时，除了培养学生的学习能力，创新能力、合作意识、谦逊宽容等品质也得到了相应的提高，促进了学生的全面发展。

（三）通过本课题的研究，发展了教师的专业水平

1．陶冶了教师的师德修养

新课程要求尊重每一名学生，尊重每一名学生内心的独特感受，教师要坚持师德为首的观念，时时处处以学生的发展为首要工作，表现出高尚的师德和良好的师风，唯有如此，才能将学生的发展放在首位。通过本课题的研究，我们绝大部分老师的师德修养得到了进一步的提升，近年来有131位老师被评为"阳光园丁"、3位老师被评为区"十佳"教师、2位老师被评为区"十杰"教师、6位老师被评为"苏州市海外周氏德育基金奖励"、6位老师被评为苏州市"先进教育工作者"、2位老师被评为苏州市"双十佳"教师、12位老师被评为江苏省"师德先进个人"、2位老师被评为苏州市教坛新苗、6位教师被评为小学中学高级教师等荣誉称号。

2.提升了教师的业务水平

素质教育对教师的业务素质提出了更高的要求，现代教育要求教师具备"T"字形的知识结构，因此，学校要对教师强化技能训练，提倡一专多能。在课题研究的引领下，每一位学科教师不仅明确了教学中应该怎样更好地把握教材，应该怎样将教材的知识用最为浅显的方法，以作业的形式展现在学生面前，让学生高质量地掌握所学知识。在一次次的磨课、研讨、竞赛中，学校教师的专业化水平得到飞速发展，收获了属于自己的果实。姚洪珍、袁亚娟等老师在相城区语文教师基本功竞赛中获得一等奖；陆伟琴老师获得苏州市小学数学优质课评比二等奖；在区优质课评比中，我校教师屡创佳绩；在区学科把握能力比赛中，我校二十多位教师获得了一等奖的好成绩，并有多位教师成绩优异，参加了市级比赛，陈利坤老师在市级语文学科把握能力竞赛中，获得了市级一等奖的好成绩。徐征贤、赵一峰两位课题主持人由区级学科带头人晋升为市级学科带头人，何建英等 11 位老师被评为区级学科带头人，王静等 15 位老师被评为区教学能手，陆伟琴等 14 位老师被评为区教坛新秀。

3.提高了教师的研究能力

通过研究，我们也真实地看到老师们钻研的劲头更足了，把握教材的能力更高了，分析问题的水平与日俱增。他们善于观察反思了，善于提炼总结了，善于解决问题了，这无疑是课题研究带给大家的。由此他们撰写论文、案例、教学设计、随笔、反思的积极性高了，质量也高了。三年来我校教师论文获奖发表达到 560 篇次，沈利华校长的《优化作业设计与评价的创新研究》发表于《长三角教育》，顾月芳老师的《小学数学作业设计应遵循的原则》获得江苏省优秀论文一等奖，徐征贤老师的《在"减负"背景下对提升教学质量的思考》获江苏省"师陶杯"论文评选三等奖；赵一峰老师的《让数学学习评价成为学生发展的加油站》获苏州市教育科研优秀论文一等奖；王静老师的《对小学英语作业设计的一点思考》获得区级优秀论文一等奖、市级三等奖；洪蕾老师的《优化作业设计，减轻学生负担》获第十届现代与经典小学教学观摩研讨会论文二等奖；徐彩红老师的《设计有效的数学作业》获全国中小学新课程优秀教学设计三等奖。

（四）通过本课题的研究，提升了学校的办学品位

随着课题的深入研究，"一页纸"及作业评价标准越来越深得人心，学生得到了全面发展，教师也在自己的专业领域中大展拳脚，随之带来的是教学效益的稳步提高。在 2010 年苏州市中小学教师把握学科能力竞赛中荣获小学数学学科团体优胜奖。在区教导主任会议上，我校的"一页纸"作业设计

及课题研究做了交流。"十一五"课题终级成果集《蠡苑》以及学生作品《百花园》已经印刷出版。

六、课题研究的思考与展望

优化作业设计和作业评价，是我们对作业进行的一定程度的改革，是对学生作业的一种新评价。三年多的实践与研究，我们"以学生为本"，钻研教材，把握每一课、每一课时的重点和难点，并善于从学生生活的实际中汲取丰富的源泉，精心设计好作业，避免机械、重复式的作业，多设计开放式、多元化的作业，用内容丰富、形式多样、充满情趣的作业，拓宽学生的学习途径，促进学生的全面发展和教师的专业化发展，同时也为学校更好地实施素质教育送上了我们的答卷。

"没有最好，只有更好"。"一页纸"让我们尝到了一些甜头，但我们前进的步伐不能停止。在实践与研究中，我们发现了一些尚待完善与解决的问题：

1. 如何使作业设计及评价更加优化，真正实现学生的全面发展；

2. 作业设计不是教师的专利，作业设计也可以成为学生学习的一部分。如何让学生参与作业设计，要以何种形式参与设计；

3. 假期作业除了设计语、数、英学科作业外，是否还可将实践活动设计进去，并在一年级至六年级中体现作业的螺旋式上升，实现学科和实践活动相结合。

以上问题还值得我们深入思考，并将我们的思考总结提炼，作为我们后续研究的新开始。当然还有未尽之处，请专家领导批评指正！

《小学数学有效教学策略的实践与研究》
结题报告

《小学数学有效教学策略的实践与研究》是苏州市教育学会"十二五"立项课题，2014 年 11 月课题获得立项，课题编号为"十二五"SJ【508】。课题主持人为赵一峰副校长。

一、课题的研究背景

"有效教学"是一个古老而又年轻的话题。在 20 世纪上半叶，西方开展了教学科学化运动，有效教学应运而生，一经提出，就成为国内外课程与教学研究领域关注的重点。在国外，从杜威到布卢姆，从斯金纳到加涅都非常重视对"有效教学"的理论和实证研究，也取得了一定的研究成果。20 世纪 80 年代，美国的加里•D.鲍里奇、梅里尔•哈明、佩尔•蒂埃三位学者分别著书研究"有效教学"，使"有效教学"在实证方面有了进一步的发展。近年来，我国教育界对"有效教学"也十分关注，从学术界到学校，从学者到一线教师都进行了大量的研究和实践。吕渭源、陈德厚、韩立福等学者都有研究专著问世，钟启泉、孔企平、崔允漷等许多学者关于有效教学的研究论文也发表在学术期刊上。由此可见，"有效教学"的研究是由来已久，且成效斐然。

然而，纵观我们一线的课堂教学，还存在不少问题，概括起来主要有：

1.尽管素质教育实施已有些年头，但是由于受传统思想和其他一些因素的制约，我国课堂教学中"学生学得很苦，教师教得很苦，但教学效果却并不理想"的现象依然存在，体现在小学数学课堂教学中——重"教"轻"学"，重结果轻过程，重知识掌握、轻探究能力，重智力因素、轻非智力因素等，这些现象严重地阻碍着学生的发展。

2.尽管国内外学者对有效教学研究都很深入，然而国外研究成果由于受文化、教育背景等因素的制约，难以有效地指导中国的课堂教学，国内的研究多为文献研究和建设性理论研究，缺乏扎实的实证研究，对学科教学的指导上也缺乏建设性的意见。

基于以上原因，我们设想，如果在全校开展实践研究，共同探索新课程背景下小学数学课堂中的有效教学策略，必定会促进我们对有效教学的深入理解，必定会促进我们进一步研究小学数学课堂的教与学的方法；总结出一些符合学生发展规律的、有学科针对性的有效教学的策略，提高小学数学课堂教学的效益，必定会促进学生的成长，为他们的终身发展奠基，必定会促进教师的进步，提高他们的教学、科研水平，实现学校整体教学质量的提升。

二、课题概念的界定与理论支撑

（一）课题的界定

1. "有效"：主要指通过教师在一段时间的教学之后，学生所获得具体的进步或发展。

2. "有效教学"：就是指凡是能够有效地促进学生发展，有效地实现预期的教学结果的教学活动都可称之为"有效教学"。有效教学理念的核心就是教学中的效益问题。它是衡量一节课的教学有没有效益的唯一标准。教学有没有效益，并不是指教师有没有教完内容或教得认真不认真，而是指学生有没有学到什么或学生学得好不好。

3. "教学策略"：就是根据教学任务的特点选择适当的方法，在内容构成上具有三个层次：第一层次指影响教学处理的教育理念和价值观倾向；第二层次是对达到特定目标的教学方式的认识；第三层次是具体的教学手段和方法。而在动态的教学过程中，教学策略又是教师为提高教学效率而有意识地选择教学方法并灵活运用的过程。

鉴于以上分析，本课题研究将立足于小学教学实践，针对小学生的身心特点和教育环境，以现代教学理论为指导，系统借鉴、整理、选择教学经验，对成功的有效教学经验进行分析与整合，在有效的教学策略、有效的学习方式上取得突破，形成有效教学策略体系，努力铸造学校有效教学的特色。

（二）支撑性理论

1. 建构主义理论：其最早提出者可追溯至瑞士的皮亚杰，建构主义学习理论提倡在教师指导下，以学习者为中心的学习，也就是说既强调学习者的认知主体作用，又不忽视教师的指导作用，教师是意义建构的帮助者、促进者，而不是知识的传授者与灌输者；学生是信息加工的主体，是意义的主动建构者，而不是外部刺激的被动接受者和被灌输的对象。

2. 人本主义理论：人本主义是与科学主义相对立的现代哲学思潮。到 19

世纪，实证主义诞生，科学主义取得了理论形态。几乎与此同时，费尔巴哈的人本主义也诞生了。人本主义讲人，讲的是个体的人，理性和感性相统一的人。人本主义理论十分注意人的个性，重视理性和感性的统一，注重人的个性发展。它与新课改"以人为本，以学生的发展为本"的思想相统一。

3. 布鲁纳的"发现学习"理论：美国当代心理学家布鲁纳认为学习的实质在于主动地形成认知结构。他非常重视人的主动性和已有经验的作用；重视学习的内在动机和发展学生的思维。他提倡发展学习，让学生独立思考，自行发现知识，形成独特的感受体验和理解。在本课题的研究中，我们始终坚持以学生为主体，在教学过程中，充分发挥他们的主动性，引导他们多角度观察生活，发现生活中的数学问题，探索解决的方法。

三、课题研究的目标

1. 通过研究，形成一套行之有效的数学课堂教学活动中的转变学生学习方式的有效性教学策略，指导教学、服务教学。

2. 通过研究探索小学数学课堂教学过程中课堂活动有效性的教学策略，为学生创设良好的数学课堂教学环境，创设主动参与的时间和空间，培养学生自主探索、自主学习的能力，培养学生肯钻研、善思考、勤探索的科学态度，让学生在不断探索与创造的氛围中，得到创新精神和实践能力的培养。

四、课题研究的内容与重点

通过文献研究、调查研究和行动研究，结合义务教育数学课程标准研究小学数学有效教学策略系统的科学性、先进性和实践性。其中，科学性对应的是与学生的发展规律相适应的问题，先进性对应的是创新和特色的问题，实践性对应的是结合本校师生的社会文化背景和教学水平现状的问题。通过此课题研究实验使教师树立"一切为了学生的发展"的思想，掌握有关的策略性的知识，以便于自己面对具体的情景做出决策。并在此基础上，指导我校数学教研工作，促进我校数学教学从理论研究和实践研究层面向纵深发展，全面落实义务教育数学课程标准。要求每一位教师不断地反思自己的日常教学行为，持续地追问"什么样的教学才是有效的？""我的教学有效吗？""有没有比我更有效的教学策略？"结合我校实际初步探索:1. "小学数学有效教学策略"的基本观念、基本方法、基本模式。2. 实施小学数学有效教学策略，改善学生学习方式。

五、课题研究的主要阶段

（一）准备阶段：（2014 年 4 月—2014 年 8 月）

1. 收集整理与课题相关的资料，了解与本课题相关的研究现状，为课题的研究提供科学的依据。撰写开题报告，申请立项。

2. 确定课题。根据新课程改革的相关理念，结合数学学科的特点，初步拟定把《小学数学有效教学策略的实践与研究》作为研究课题。

3. 分解课题。课题涉及多层面的问题，根据课题的有关精神和要求，结合课题组教师自身的特长，选取部分内容进行研究，从改变我校数学教学现状做起，努力提高教学实效。

4. 开题报告。召开课题组成员和参与讨论课题活动的教师会议，邀请有关领导参加，对课题实施方案进行评审和修订。

（二）实验学习阶段：（2014 年 9 月—2014 年 10 月）

拟定课题实验方案，学习相关资料；确定实验班级，聘请专家进行开题论证。

1. 理论学习。了解、学习新课程标准和有效教学的相关理念，明确进行小学数学有效教学策略的实践与研究的重要意义。

2. 研究初探。确定实验班级，进行数学课堂有效教学的初步探索，发现存在的问题、不足，及时修改实验计划，调整实验步骤。

（三）全面实施操作阶段（2014 年 11 月—2016 年 3 月）

按课题实施计划，展开课题研究，做好研究记录，及时反思调整，定期组织研讨。

1. 教学实践。根据课题研究的目标、内容，组织教师进行课堂教学实践的研究。

2. 反思提升。结合教学实际，定期总结，相互交流，切实提高课改质量。

3. 理论升华。根据研究成果，撰写论文、报告，初步形成有效课堂教学的模式，并运用于教学实践，加以修改、完善。

（四）总结阶段：（2016 年 4 月—2016 年 6 月）

收集整理研究的相关资料、数据，形成实践总结，撰写结题报告，申请结题验收。

六、课题研究的过程

（一）加强合作，形成课题研究的行动共同体

本课题从 2014 年 6 月开始选题，10 月我们在蠡口实验小学进行了开题论证，得到了专家的认可，并被推荐申报教育学会系列市级课题，这极大地鼓舞了大家参与研究的积极性。此课题研究汇聚了全校数学组的骨干教师，呈现资源共享、智慧共享的良好态势，优势比较明显，我们希望此课题研究能成为推动我校数学课堂教学在新一轮课改中健康快速前行，锻炼、打造我区优秀教师队伍，促动我区校本教研走向深入的有效抓手。由于大家明确了目标，形成了共识，所以在研究中能够齐心协力，真抓实干，研究氛围比较浓厚。

（二）加强学习，提高理论认识

理论是指导实践的明灯。加强教师的理论学习，是课题顺利开展的保证。我们采用个人学习、校本研修、课题组学习相结合的方法，我们向学校推荐了一批关于有效教学方面的书籍和文章，如孔企平教授关于小学数学教学策略的理论，钟启泉教授关于有效教学的阐述，崔允漷博士的《有效教学策略的建构》，韩立福博士的《新课程有效课堂教学行动策略》的论著等，要求学校课题组组织学习，通过对这些理论的阅读、讨论，加深对课题的认识，为课题研究提供理论支撑。

（三）注重实践，扎实有效地开展研究活动

以专家教研为引领，以校本研究为重点，以课堂教学实践为基点，开展扎扎实实的行动研究。

1. 加大核心组成员培训，提升实验的质态
2. 积极开展校本教研，促进教师教学水平的提高
3. 组织研究活动，促进教师科研水平的提升

七、课题研究的成效

（一）通过研究，明晰了研究的方向

在研究中，我们进一步明确了新课程背景下我区小学数学课堂教学的发展目标，即"轻负高效"，有效地促进学生全面发展。为了达成这个目标，我们进一步规范了教学常规管理的流程，细化了有效课堂教学实施的评价标准，用评价来引领教师的教学工作向着健康、有效的方向发展。

（二）通过研究，促进了教师的发展

1. 教师对有效教学的理念和教学策略有了较为深入的了解

研究促使教师走进"有效教学"，研究"有效教学"，实施"有效教学"。在这一过程中，老师们进一步认识到了有效教学的本质，理解了开展有效教学的目的，感受到实施有效教学的必要性。在研究中，他们了解了新课程背景下小学数学有效课堂教学实施的基本流程，并且对优化每个流程的有效策略有了较为清晰的认识。

2. 教师的科研意识普遍增强，科研水平显著提高，名师成长梯队已经形成

教师们深刻认识到科研给学校带来的活力，他们都力图借助课题研究提升学校教学品位，改变教学状态，提升自身的工作质态。在研究中，我们积极组织教师撰写课题论文和案例反思，经过教、研、思、写等多层次的磨炼，不少教师在课题研究中脱颖而出，成为学校、区的教学骨干。

3. 教师的教学能力不断提升，教学水平不断提高

两年多来，我校小学数学教学通过课题的引领，教研风气空前浓厚，教学策略和方法的优化正成为广大教师数学教学的追求目标。教师们在一次次研究、追寻、反思、改进中，使教学水平得到了提高，教学能力也得到了不断提升。自本课题立项以来，我校数学教师在区级以上赛课获一等奖的有 3 人次。

（三）通过研究，促进了学生的发展

随着学习方式的不断优化，创新意识和实践能力的不断增强，我校的学生在全市的质量调研中显示出了强有力的竞争力，受到社会的好评。

八、课题研究的成果分析

有效课堂教学是有效教学研究的一个重要方面，是实现有效教学最基本的，也是最重要的途径。影响有效课堂教学的相关因素有很多，如教学设计、教学组织、教学方法、学习指导、练习巩固、作业批改与辅导、教学反思，等等。本课题着重探究和提炼有效教学必须遵循的原则和有效的数学课堂教学策略。

（一）提炼小学数学课堂教学有效教学策略必须遵循的原则

有效教学是一种教学理念，是一种教学追求，更是一套教学策略和方法。探寻有效课堂教学策略，必须遵循以下的几个原则：

1.学生积极参与的原则

有效教学的核心是学生参与，目标是学生的全面发展。在构建有效教学策略时，我们要树立"一切为了学生的发展"的理念，把学生的成长作为教学策略选择的出发点。我们引导学生乐于学习，乐于探究，乐于交流，让他们体验成功，感受快乐。我们要营造平等和谐的爱的课堂，让学生敢于参与；要营造充满生活气息的文化课堂，让学生乐于参与；要营造充满探究的挑战课堂，让学生勇于参与。我们要让学生在参与中，学会思考、学会提问、学会质疑、学会合作、学会交流，得到能力的提高、学力的提升、人格的完善。

2.教师精心预设的原则

教材是课堂教学内容的载体，要想提高课堂教学的有效性，首先要正确解读教材，弄清教材意图，才能在此基础上采用合适的教学策略，设计合理的教学流程。对教材的把握和教学的设计需要从以下几个方面来思考：一是阅读教材内容，寻求教学的着力点；二是思考内容的呈现方式，寻求适合学生的学习方法；三是思考教材的思维方法要求，寻找提高学生数学能力的有效手段；四是思考教材与生活的关系，找出激发学生良好情感、发展学生思考的有效载体。我们要充分了解学情，一切从学生出发，在设计教学流程时，采用的策略和方法只有符合学生的实际和认知规律，才能得到有效实施。

3.民主和谐的课堂原则

课堂应是师生共同学习、共同成长的地方。实施有效教学，实现教学相长，必须要有一个民主和谐的课堂。在这样的课堂中，师生都有话语权、思想权、活动权。教师要树立正确的学生观，让学生成为课堂的主人，面对问题，都有均等的机会获得表达的权利。在这样的课堂中，教与学、师与生、知识获得与能力发展始终是和谐的。因此，我们的教师要转变观念，始终保持与学生共学习、共成长的态度，确保课堂教学的和谐发展。

（二）从影响有效教学的要素入手提炼有效教学策略

通过研究，我们发现有效的课堂教学策略总离不开备课、上课、评价这三大要素，针对这些要素进行研究，我们提炼出了一些有效课堂教学的策略：

1.有效集体备课的策略

"认真备课"是教学"七认真"中首要的工作，对构建有效课堂有着重要的作用。集体备课因其可以突破个体备课封闭、繁琐的弊端，能充分发挥集智、集思、互促的优势，得到大家的认可，然而在实施的过程中又容易出现流于形式、难以操作等一系列新的问题。如何扬长避短，我们的策略是：

备、教、研一体，备课不是目的，通过备课引导教师研究教材、研究教学，提高教学能力才是关键。我们向每位备课者提出了"三备"的要求。一备：

主备人根据分工认真备课，提交小组交流；二备：组内交流研讨，主备人根据讨论修正备课内容，于施教前半个月提交至网上；三备：在自己的备课内容中选择一课，提前上研究课，学校开展集体评课活动，提出精彩之处和不足之处，施教者进行教学反思，修改形成优化教案，再次提前上传至网上，供其他老师学习和借鉴。

2.有效上课策略的探索

课堂是有效教学实施的主阵地，是有效教学研究的关键，也是我们课题研究的重点。制约课堂教学实施的要素有很多，比较复杂，但归结起来，主要受情境、提问、活动、探究、练习等因素的制约。在对这些要素或要素中比较重要的部分进行不断的循环往复的研究和实践中，我们总结提炼了一些有效教学的策略：

（1）有效性情境创设的策略

在研究的过程中，我们也总结了有效的数学情境创设的基本策略：

①关注学生的生活经验，凸显数学情境的生活性。

课程标准指出：数学教学活动必须建立在学生的认知发展水平和已有的知识经验基础之上。学生的已有认知发展水平、知识经验和生活经验等构成了学生的现实学习起点，在创设情境时，教师必须充分关注学生的现实学习起点，突出情境的有效性、真实性和发展性，促进学生的学习。

②关注数学的学科本质，凸显数学情境的数学味和问题性。

情境并不总是生活的，随着学生年级的升高，学生更喜欢那些体现数学本质的有着很强的数学味、问题性的情境。学生已有的数学知识经验、数学背景，同样可以构成学生学习数学的情境。

③关注数学情境的有效运用，凸显数学情境的实用性。

培养学生从情境中提取信息、发现问题的能力。教师要引导学生善于从情境中读出数学信息，提出数学问题，突显情境的数学味、问题性。情境出示后，学生往往被情境中的非本质属性所吸引，不能有效揭示出情境中的数学因素，这就需要教师的指导和引导，让学生更多地关注情境中的数学信息，发现数学问题，而不仅仅是对颜色、人物、内容等感兴趣。

（2）有效性提问的策略

数学的学习过程是提出问题、解决问题的过程。有效的课堂问答行为能促进师生进行思想对话，进行良好的情感交流。有效的课堂提问能激发学生的参与热情，帮助学生理解学习内容，进行学习方法的迁移，促进学生思维能力的提高。我们也提炼出了一套行之有效的科学的课堂有效提问的策略：

①精心酝酿提问内容

根据学生的认知水平，精心酝酿提问内容，科学地进行发问。如：课堂铺垫引入教学中，根据新旧知识的联系设计问题，环环相扣，既可以复习巩固旧知，又促进新旧知识的融合。

②适度创设提问情境

新课标教材非常注重问题情境的创设，把原先枯燥无味的数学知识融入鲜活的情境内容，能极大地调动学生的积极性，深化学生的思考。我们在情境中组织提问，也正体现了这一思想。

③灵活运用提问技巧

教学是一门艺术，数学老师在这方面应有更高的造诣。首先，教师提出的问题要少而精。要选择能引起学生兴趣的提问，因为面对相同的问题情景，提出的问题不同，教学效果亦会有差异。其次，提问的形式要多样，可以是教师问学生答，也可以是学生问学生答，还可以是学生问教师答，但不管采用什么形式提问，都能促进学生保持高度注意力，开展积极的思考。

（3）有效性操作活动的策略

建构主义教学注重以活动承载学习内容，以活动推进学习过程。操作活动是其中比较重要的活动之一。有效的数学操作可以更好地帮助学生理解和掌握知识，构建有效的数学模型，促进知识的建构。在大量的操作活动中，我们也总结了一些数学操作策略：

①规范操作常规

动手操作深受小学生的喜爱，但是他们往往比较重视操作活动带来的愉悦，而对操作的要求、目的不够重视，就造成了操作结束之后不能有效的发现规律，解决问题，使得操作简单低效。由此看来，建立良好的操作常规是很有必要的。我们通过不断尝试，初步制定了如下的操作常规。

一是课前教师应检查学生的学具有没有准备好，教师也应准备一些提供给忘带的学生。二是在教师没有要学生拿出学具前，学具应该放在什么地方（规定课桌上从左到右依次是数学书、文具盒、学具）。三是在操作中不能随意拿别人的东西，收学具时要归好类，轻拿轻放，不能乱扔。

②改进操作材料

在数学操作活动中，教师为学生提供的材料是否适宜，直接关系到他们参与操作的兴趣；探索与操作的效果，也直接影响到教育目标的实现。因此在教学中我们要紧紧围绕操作活动的目标，遵循数学知识内部的逻辑性。如能在课堂教学中注意选取简便易行的材料，用好现有的材料，挖掘生活素材，并能在原有的基础上不断改进，灵活创新，就会促进操作活动有序、高效地开展，从而提高课堂教学的效率，发展学生的思维。

③设计操作活动

数学操作活动是指在数学教学中供给学生足够的实物材料、创设一定的环境，引导他们按一定的要求和程序，通过自身的实践进行学习的活动。操作过程应体现数学教育内容的系统性和内在逻辑性，选择符合儿童心理发展的需要，以达到数学教育的目标。

验证性操作活动：这类操作是教师先讲解、演示、归纳，再让学生通过实物或图片进行操作验证而获得数学知识的一种形式。操作的目的在于促进学生对已学知识的巩固、理解，促进知识的内化。

探索性操作活动：这类操作是围绕某一数学问题，让学生通过对实物或图片进行摆弄、操作、尝试，在动手实践的基础上发现新知的一种形式。其目的在于充分发挥学习的主动性，提高学生探索问题的能力与思维的目的性。

创造性操作活动：这是提供某一材料让学生自己设计并开展具有多种选择性结果的一种操作形式。其目的在于让学生充分地进行想象和多角度思考问题，培养创造能力。

（4）有效课堂练习设计的策略

现代课堂教学论指出：练习是教学的一个重要组成部分，是学生掌握知识、形成技能、发展能力的重要途径。在课堂教学中，教学的成效与练习因素有很大的关联，练习可以出质量，但不适当的练习也会增加学生的负担。在这里，练习设计的策略尤为重要，我们认为主要有以下几点：

①分散教学难点，梯度性体现有效性

数学的逻辑性很强，对于一个知识点，可能有若干个相关的要素构成。如果学生对其中的某个或几个要素理解不好，就会产生学习的难点，从而影响对该知识点的学习。我们设计教学策略，就是要针对这种逻辑，设计有梯度的练习题，把教学难点逐一解决。

②遵循从感性到理性，合理性支撑有效性的原则

在策略的设计中，对学生的学习活动需要仔细推敲，看是否符合学生的认知规律，否则到具体实施的时候，教学效果将与设想背道而驰。

③融合数学思想方法，深刻性成就有效性

教材中所呈现的活动，我们往往容易看到形式而忽略其深刻的本质，即活动所要渗透的更深刻的数学思想与数学方法。在教材中这些思想方法往往是隐性的，它需要教师在教学中渗透，在学生活动中使之显性化。

3.有效评价策略的探究

新课改强调评价的主要目的是为了全面了解学生的数学学习历程，激励

学生的学习和改进教师的教学。研究课堂教学评价，构建目标多元、方法多样的评价体系是我们评价研究的重点。我们将评价分成两个部分分别研究。

（1）课堂教学中有效评价的策略

立足课堂，关注课堂中对学生的评价。通过研究，寻找促进学生学习的有效评价策略，并以此激发学生的学习，提高课堂教学效率。我们研究的有效评价策略如下：

①实现目标的策略

以评导学的策略。在课堂中，教师要关注学生的学习过程和学习方法，并及时、有效地评价，进而使学生形成解决问题的策略和方法，养成数学思考的习惯，培养良好的数学素养。

以评促学的策略。这是实施有效性评价的最基本的方法，也是其他方法实施的前提。就是评价中一定要坚持"激励为主"，要确保学生在评价中看到自己参与学习活动的进步和成绩，享受课堂生命的快乐，才能更积极投身于学习生活之中。

②有效评价的策略

关注年龄特征的策略。在课堂评价时要关注学生年龄的差异，低年级的孩子可采用"小红花""棒，棒，你真棒"这样的形式，对学生是一种很大的鼓励。但高年级的孩子就不能采用这种形式，高年级的孩子更适合从思维的角度，从语言表达的角度对学生给予肯定，从而激发学生学习数学的积极性。

关注学生差异的策略。对尖子生，多给予启迪，开阔学生视野，激发深入思考、探究的欲望，使他们的学习进入更深层次；对中等生，侧重于对他们学习态度的鼓励与欣赏，对知识正误及学习方法的点评，让他们在正确地认识到自身的优、缺点的同时感受到老师的期盼，进而主动地取长补短，不断完善自己；对学困生，评价时要谨慎，要挖掘能让他自己认同的优点进行准确评价，要发现闪光点，"放大"评价，帮助他们打消自卑心理，树立自信，激发努力学习的愿望。

（2）有效课堂的评价标准的研制

根据影响有效课堂的若干因素进行分析，经过研究和探讨，我们制定了《扬州市维扬区小学数学有效课堂研究量化评价表（试行稿）》，分别从教学目标、教师、学生、教学效果这四个方面对课堂教学进行评价，并以此展开对全区有效课堂教学的评价和检测。

①教学目标方面：教学目标是在数学课程标准的指导下结合班级学生实际制定的针对性强、非泛化的目标，并且体现在具体的教学的全过程。

②教师方面：教学设计建立在深入钻研教材的基础上，正确地把握教材的重难点，教学内容科学；教学板块清晰，重点突出，层次分明；教学设计有创意；教学方法符合现代教学理念，善于创设问题情境，引导学生自主探究、合作交流；练习科学有效，注重及时反馈和矫正；面向全体，体现分层训练，科学评价学生，关注学生可持续发展。

③学生方面：精神状态饱满，积极参与学习活动，会倾听，认真书写，善于表达、合作、思考。

九、课题成果的推广与今后的研究思考

本课题自 2014 年申报立项以来，进行了扎扎实实的研究，在研究过程中采取边研究边反思，边反思边调整，一边总结一边推广的方法，不断促进全校小学数学老师关注该课题的研究进展，每学期都面向全校乃至全区开展大型研讨活动，这一系列的活动促使本课题的研究得到了全区小学数学老师的共同关注。如今，我校的小学数学集体备课第一轮工作已经结束，第二轮工作正待启动，我们打算用两年时间打造我校的小学数学备课，形成具有我校特色的"备课资源库"。关于练习，我们打算在此基础上进一步拓展，形成我校独有的"周周练"。关于有效课堂评价的研究，我们已取得了一定的研究成果，但是我们总觉得它是制约有效课堂实施的瓶颈，我们的研究还不够深入。下一阶段，我们结合市区级课题，将进一步开展"优质课堂评价的研究"，将评价工作进一步深入下去。

经过两年多的努力，课题研究取得了一定的成绩，但也存在一些问题。一是受研究能力和理论水平的限制，课题研究前瞻性不够，创新程度不高，有的停留于浅层次的验证性研究上，未能取得重大的突破性研究成果。二是有效教学的策略提炼侧重于对一般化的教学方法进行探索，虽然研究得比较深入，但对于数学"四大领域"内容的分类研究策略还略显不足。三是师资培训是一个较为严重的问题，教师的自身知识系统的完善、教师教学观念的进一步更新等问题也是制约课题研究深入开展的瓶颈之一。四是对子课题的管理还需要进一步加强，由于是区域性的研究，子课题的发展不是十分均衡。这些问题将在下一阶段的研究中大力完善。

本阶段的课题研究已告一段落，然而我们的有效教学之路却没有结束。"路漫漫其修远兮，吾将上下而求索"，"有效教学"是时代赋予我们的使命，我们一定会沿着这条路坚定地走下去。

"十三五"市级课题《基于核心素养的小学数学数据分析观念的实践研究》开题报告

一、课题的提出

1. 形势发展的需要

数据分析对国家有着十分重要的意义，人口普查是重要国情国力的调查。我国地域广阔，人口众多，文化多样，经济复杂，于 2010 年 11 月 1 日进行的第六次人口普查，为实施可持续发展战略、构建社会主义和谐社会，提供了科学、准确的统计信息支持。此外，数据分析对个人也很有必要。报纸、电视、网络等媒体上大量的信息都是用数据来表现的，我们已进入了一个"数据时代、图表时代"，理解数据的素养是未来公民的必备素质之一。

2. 课程改革的要求

《全日制义务教育数学课程标准（实验稿）》指出，在"统计与概率"的教学中，应帮助学生逐渐建立起统计观念，《全日制义务教育数学课程标准（2011 年版）》中，此要求已改为建立数据分析观念。对比两者定义，可以发现它们有着明显不同：从"统计观念"到"数据分析观念"，要求更加具体，价值指向更明确，这一变化将对统计和概率内容的教学产生很大影响。

3. 我校现状的需求

"统计与概率"是课程标准实验稿所规定的小学数学课程内容之一，由于这部分内容与传统的"确定性数学"存在较大差异，部分教师对"统计与概率"的核心思想、统计与概率的联系和区别、课堂上应当突出的关键和重点，以及不同年级学生应当达到的理解深度和应用能力等问题，或多或少还存在一些困惑及认识上的分歧。目前，广大教师存在统计和概率的教学视角狭窄，片面追求绘制统计图表的方法和计算技巧，教学中缺乏数据的多元分析、读懂图表及通过数据分析发现规律、体会随机性的问题，直接影响了学生的数据意识、统计思维等方面的有效培养。

综上所述，开展基于核心素养的小学数学数据分析观念的实践研究，能促使教师从教育教学工作的实际出发，从学生的实际出发，揭示提高课堂有效教学策略的途径和方法，改变以往陈旧的课堂教学方法，从而引起学生学习方式的改变，这对于提高课改的实效性，提升教师自身的素质，切实减轻学生负担以及促进学校发展都具有很重要的实践意义。

二、本课题在国内外同一研究领域的现状与趋势的分析

1. 国外同一研究领域现状

据资料显示，在国外，这方面的研究相对比较丰富，并且形成了一些统计思维的发展框架。主要形成了 Reading 和 Mooney & Jone 的这两个比较公认的统计思维发展框。它们的侧重点是考查学生从数据中提取信息的能力，即数据分析观念的一个重要方面，并且将从数据中提取信息的能力细化为若干维度，这无疑对课程设计和实施教学具有重要的参考价值。例如，在面对数据时，学生可以从以下维度来提取信息：从图表等中直接读取数据，将数据与上下文联系；将"原始"数据排序和分组，刻画中心趋势和离散程度；选择合适的图直观表示数据，评价图的有效性，基于数据做出解释和推测，比较两组数据等。同时，这两个研究在强调了数据处理的整个过程，脱离了单纯考察概念理解的局限两方面具有重要的意义。同时测试形式不仅仅包括纸笔作答，并且包括个人访谈，有助于了解学生的真实思维。但是，仍有许多需要进一步研究的问题。

2. 国内同一领域研究现状

在我国，有关统计认知的研究，最近几年随着新课程对统计的重视刚刚展开，张喜之、史宁中、吴正宪等都进行了深入的研究，并取得了一些成果。然而大多数的研究是针对学生理解某些统计概念而展开的，系统研究学生统计认知发展阶段的只出现在巴桑卓玛的研究中。

综上所述，国外研究成果固然有其科学性、先进性，但由于文化、教育背景的差异，在某些学科领域难以有效地指导或适应我们的课堂教学；国内研究成果大多是文献研究和建设性理论研究，缺乏扎实的实证研究及案例佐证，往往缺少实践基础；在课堂教学和练习设计上注重特殊性，缺失普及性、推广性的现实价值。从目前的教学现状来看，部分教师对"统计与概率"的核心思想、统计与概率的联系和区别、课堂上应当突出的关键和重点，以及不同年级学生应当达到的理解深度和应用能力等问题，或多或少还存在一些困惑及认识上的分歧，直接影响了学生的数据意识、统计思维等方面的有效培养。

3. 本课题的价值

（1）数据本身不产生价值，如何分析和利用大数据对业务产生帮助才是关键。随着计算机处理能力的日益强大，人们获得的数据量越大，挖掘到的价值就越多。大数据时代将会给人类社会带来巨大变化，它是一个好的工具，就像计算机一样，帮助人们提升社会生产效率，了解事物真相，认识客观规律。重要的大数据可以帮助政府和企业进行科学决策，降低决策风险，加快进入智慧社会的进程。

（2）2001 年，我国首次明确将"统计与概率"作为义务教育学生数学学习的重要领域写进了《全日制义务教育数学课程标准（实验稿）》（以下简称《标准实验稿》）。在几年实践的基础上，2005 年开始对《标准实验稿》进行修订，在修订中明确提出将数据分析观念作为统计课程的核心。《课程标准(2011 年版)》把《标准实验稿》中的 "统计观念"修改为"数据分析观念"，更加突出了统计的核心——数据分析，进一步强调培养学生数据分析观念的必要性。因此，小学数学教师在数学教学过程中需要采取有效措施培养学生的数据分析观念，从而提高学生的学习能力。

（3）在苏教版小学数学教材第十二册中，安排了有关"统计与概率"的内容，通过统计与概率的学习，可以使学生熟悉统计与概率的基本思想方法，以随机的观点来理解现实世界。在面对大量数据和不确定情境时，能够制定较为合理的决策，逐步形成统计观念，养成尊重事实、用数据说话的态度，增强使用数学的意识。

（4）通过对"基于核心素养的小学数学数据分析观念的实践研究这一课题研究，可以促使教师认真研读现行小学数学教材，达到"读懂、读通、读透"教材的三重境界，从而能活用教材，重组教材，提高小学数学教师的专业素养，并最终提高小学数学教学效益。

三、课题概念的界定与理论支撑

1. 核心素养

核心素养是学生在接受相应学段的教育过程中，逐步形成的适应个人终生发展和社会发展需要的必备品格与关键能力。它是关于学生知识、技能、情感、态度、价值观等多方面要求的结合体；它指向过程，关注学生在其培养过程中的体悟，而非结果导向；同时，核心素养兼具稳定性与开放性、发展性，是一个伴随终生可持续发展、与时俱进的动态优化过程，是个体能够适应未来社会、促进终生学习、实现全面发展的基本保障。

2. 数据分析观念

《全日制义务教育数学课程标准（2011 年版）》指出："数据分析观念包括：了解在现实生活中有许多问题应当先做调查研究，收集数据，通过分析作出判断，体会数据中蕴含着的信息；了解对于同样的数据可以有多种分析方法，需要根据问题的背景选择合适的方法；通过数据分析体验随机性，一方面对于同样的事情每次收集到的数据可能不同，另一方面只要有足够的数据就可能从中发现规律。"

3. "数据分析观念"与"统计观念"是既有联系又有区别的两个概念

它们的联系主要表现在经历完整的统计过程，逐步培养运用统计方法分析和解决简单、实际问题的重视上；区别在于，后者更加关注数据在统计活动中的基础地位、数据分析方法的特点，以及数据处理过程所蕴涵的更为一般的数学思想。

4. 基于核心素养的小学数学数据分析观念的实践研究

在数据分析观念的核心素养研究与形成过程中，学生能够提升数据处理能力，增强基于数据表达现实问题的意识，养成通过数据思考问题的习惯，积累依托数据探索事物本质、关联和规律的活动经验。

5. 支撑性理论

（1）建构主义理论：其最早提出者可追溯至瑞士的皮亚杰，建构主义学习理论提倡在教师指导下，以学习者为中心的学习，也就是说既强调学习者的认知主体作用，又不忽视教师的指导作用，教师是意义建构的帮助者、促进者，而不是知识的传授者与灌输者；学生是信息加工的主体，是意义的主动建构者，而不是外部刺激的被动接受者和被灌输的对象，建构主义学习环境包含情境、协作、会话和意义建构等四大要素。这一阐述为本课题研究组织、实施有效课堂教学的策略提供了实质性理论支撑。

（2）人本主义理论：人本主义是与科学主义相对立的现代哲学思潮。到 19 世纪，实证主义诞生，科学主义取得了理论形态。几近同时，费尔巴哈的人本主义也诞生了。人本主义讲人，讲的是个体的人，理性和感性相统一的人。人本主义理论十分注意人的个性，重视理性和感性的统一，注重人的个性发展。它与新课改"以人为本，以学生的发展为本"的思想相统一。

（3）人的全面发展理论：马克思主义关于人的全面发展理论认为，人在各个方面都具有一定的潜力，只要给予适当的外部条件，就能调动其主观能动性，使潜能和个性得到最大限度的发挥。这一理论认为人在各个方面只有得到充分而自由的发展，才能适应社会发展的需要。这一理论揭示了学生在探索性、自主性、研究性学习中具有一定的潜力。

（4）布鲁纳的"发现学习"理论：美国当代心理学家布鲁纳认为学习的实质在于主动地形成认知结构。他非常重视人的主动性和已有经验的作用；重视学习的内在动机和发展学生的思维。提倡发展学习，让学生独立思考，引组教材，自行发现知识，形成独特的感受体验和理解。在本课题的研究中，我们始终坚持以学生为主体，在教学过程中，充分发挥他们的主动性，引导他们多角度观察生活，发现生活中的数学问题，探索解决的方法。

四、课题研究目标及研究内容

1.本课题研究的目标

通过本课题的研究，使学生初步形成数据分析观念，培养良好的数据分析习惯和初步的统计思维。

通过本课题的研究，积累一定数量的"培养数据分析观念"的较为成熟的案例，提升其他教师的教学认识。

通过本课题的研究，使教师能从课题实践及教学中提升业务水平。

通过本课题的研究，使数据分析所提供的"运用数据进行推断"的思考方法成为现代社会一种普遍适用且强有力的思维方式，提高每一个公民的核心素养。

2.本课题研究的内容

（1）数据分析能力现状的研究

研究要点：以调查、访谈或问卷的形式，全面了解学生有关数据分析活动的思维增长点。

（2）苏教版小学数学教科书中有关"数据分析"习题的研究

研究要点：从教材中挖掘习题要求的细节，全面了解数据分析的活动延伸点。

（3）苏教版小学数学教科书中有关"数据分析"案例的研究

研究要点：探索小学数学"数据分析"课堂教学过程中情境创设、课堂提问、合作学习有效性的教学策略，为学生创设良好的数学课堂教学环境，创设主动参与的时间和空间，培养学生自主探索、自主学习的能力，培养学生肯钻研、善思考、勤探索的科学态度，让学生在不断探索与创造的氛围中，得到创新精神和实践能力的培养。

（4）现实生活实例中，数据信息的研究

研究要点：回到数学的原点，引导学生读懂数据，能够通过样本推测整体，形成数据意识，进一步发展数感和合情推理能力。引导学生参与主体统计活动，经历统计过程，学会数据分析。

（5）学生数据分析观念评价方式的研究

研究要点：根据数据分析观念的构成要素，研究、总结其评价方式及内容，提高学生学习兴趣，发展数学素养。"数据分析"课堂教学评价的一般模式及教学中教师对不同群体学生进行的评价模式（对能力较强孩子的评价方式；针对能力薄弱孩子的评价方式；针对特殊群体孩子的评价方式）。

3.本课题研究的重点

本课题的研究重点着眼于：苏教版小学数学教材中，有关"数据分析"的案例及习题的研究，在此基础上形成有关"数据分析"典型案例和习题集，从而促使教师能读通读懂一类教材，提高教学效益。

五、实施的原则

1．理论与实践相结合的原则。以理论指导实践，以实践丰富理论，提倡理论与实践紧密结合，积极参与。

2．科学性原则。研究中所探索的提高课堂教学有效性的策略必须是符合学生心理、认知规律的科学的方法。

3．整合性原则。新课改理念下的有效教学策略，必须对各种先进的教学理论进行整合，对传统的教学手段和现代信息技术进行整合等。

4．主体性原则。有效教学策略的研究与实践必须以学生为主体，充分发挥学生的独立性、自主性和创造性。

5．可操作性原则。有效教学策略必须具有可操作性。

六、研究方法

1.本课题研究的思路

本课题以教研组为单位，由各备课组具体实施，营造浓厚的研究氛围，加强理论学习，根据教材特点，紧密结合当前教改的前沿理论，在平时教学研究的基础之上，不断完善和提高，使之更具有针对性，更具有实效性。开展教研组内研究，以教研组为单位，对备课组已打磨成形的各年级课堂教学进行验收，组织组员外出学习考察，解决研究实践中出现的问题；总结经验教训，提升理论知识，争取有一定的成果，形成课堂教学典型案例。

2.本课题研究的过程

第一阶段：准备阶段（2016年9月—2017年3月）

（1）组建课题组，确定实验班，制定课题方案及实施计划。

（2）学习讨论研究方案，明确研究思路，落实研究任务。

（3）查看搜索相关文献资料，把握研究现状与发展趋势。

（4）调查教师教学练习活动的现状及分析。（前测）

第二阶段：实施阶段（2017年4月—2019年4月）

（1）课题组教师按实施计划进行实验。

（2）课题组成员理论学习，召开课题组成员会议。

（3）召开课题研讨会，进行教学设计，教学案例。

第三阶段：总结推广阶段（2019年5月—2024年9月）：

（1）调查教师教学练习活动的现状及分析（后测）。

（2）为完成课题实验，完成各项成果资料工作，做好课题研究的结题和成果论证工作。

3.本课题研究的方法

本课题以调查法和案例研究法为主，以文献分析法、经验总结法为辅。

（1）文献分析法

这一方法主要运用在课题准备阶段，通过各种途径搜集与指向核心素养的培养学生数据分析观念相关的资料，了解最新教育动态，结合研究方案，进行研究分析，为本课题的研究做好理论上的支持和帮助。

（2）观察法

这一方法主要运用于课题实施阶段。研究课堂必须观察课堂。本课题将采用两种方式实地观察课堂：一是日常课堂观察，即教师在日常课堂教学中有意识地观察学生的学、审视自己的教；二是局外结构观察，即课题组组织参与研究的教师深入某位教师的课堂，带着研究的问题，按照一定的程序，采用明确的观察提纲或观察记录表格，对课堂教学现象进行观察、记录。

（3）调查法

此研究方法分别运用于课题准备阶段和课题总结阶段。课题研究之前、之后，分别对学生进行问卷调查，在调查的基础上进行分析统计。将研究与统计相结合，会使我们的研究具有较高的可信度与说服力。

（4）案例分析法

这一方法主要运用于课题实施阶段。是选取苏教版教材中有关"数据分析"的典型的教学案例进行深入剖析和研究，最终形成一批体现课题研究特色、具有参考价值的案例。

（5）叙事研究法

这一方法主要运用于课题实施阶段和课题总结阶段。教育叙事研究，即教师以叙事的方式表达自己对教育的理解和诠释。本课题积极倡导教师开展教学叙事，在叙事中反思自己的教学，在反思中深化对教学问题或教学事件的认识，在反思中提升原有的经验，在反思中修正行动计划，在反思中探寻教学事件或行为背后所隐含的意义、理念和思想。

（6）经验总结法

这一方法主要运用于课题实施阶段和课题总结阶段。本课题的研究，将注重实际、注重实践、注重实效。在大量的实践探索的基础上，定期进行统计分析，总结成功的经验，并适当进行理论上的提升，不断总结自我的教学手段和方法，不断提高学校教学的实效性，丰富学校教学的操作途径。

七、课题研究的步骤和措施

（一）课题研究步骤

第一阶段：准备阶段（2016 年 9 月—2017 年 3 月）

（1）组建课题组，确定实验班，制定课题方案及实施计划。

（2）学习讨论研究方案，明确研究思路，落实研究任务。

（3）查看搜索相关文献资料，把握研究现状与发展趋势。

（4）调查教师教学练习活动的现状及分析（前测）。

第二阶段：实施阶段（2017 年 4 月—2019 年 4 月）：

（1）课题组教师按实施计划进行实验。

（2）课题组成员理论学习，召开课题组成员会议。

（3）召开课题研讨会，进行教学设计，教学案例。

第三阶段：总结推广阶段（2019 年 5 月—2024 年 9 月）：

（1）调查教师教学练习活动的现状及分析（后测）。

（2）为完成课题实验，完成各项成果资料工作，做好课题研究的结题和成果论证工作。

（二）课题实施主要措施

1. 加强理论学习，转变教学理念，形成有效教学的新理念。

2. 行动+反思，在实践中探索，在反思中提高。

3. 通过典型教例研究，获得相关经验。

4. 完善校本教研制度，使每位数学教师都能自觉进行教学研究。

八、课题的组织安排

姓名	工作单位	专业技术职务	研究专长	课题组中的分工
赵一峰	苏州市相城区蠡口实验小学	中小学高级教师	教育管理学	负责课题的整体策划；撰写相关论文
顾凤志	苏州市相城区蠡口实验小学	中小学一级教师	小学数学研究	负责课题的具体实施；撰写相关论文
刘群英	苏州市相城区蠡口实验小学	中小学一级教师	教育管理学	负责课题的调研；撰写相关论文
李东进	苏州市相城区蠡口实验小学	中小学一级教师	小学数学研究	负责课题的调研；撰写相关论文
刘亭亭	苏州市相城区蠡口实验小学	中小学一级教师	小学数学研究	负责课题的调研；撰写相关论文
杜月琴	苏州市相城区蠡口实验小学	中小学二级教师	小学数学研究	负责课题的调研；撰写相关论文
金鑫	苏州市相城区蠡口实验小学	中小学二级教师	小学数学研究	负责课题的调研；撰写相关论文
吴益群	苏州市相城区蠡口实验小学	中小学二级教师	小学数学研究	负责课题的调研；撰写相关论文
陆婷	苏州市相城区蠡口实验小学	中小学二级教师	小学数学研究	负责课题的调研；撰写相关论文
钱雪娇	苏州市相城区蠡口实验小学	中小学二级教师	小学数学研究	负责资料的收集、整理；课题会议记录
陈洁	苏州市相城区蠡口实验小学	中小学二级教师	小学数学研究	负责资料的收集、整理；课题会议记录
李妍	苏州市相城区蠡口实验小学	中小学二级教师	小学数学研究	负责资料的收集、整理；课题会议记录

九、课题研究预期成果

	成果名称	成果形式	完成时间
阶段成果	中期研究报告	报告	2018.5
	各年级的有关数据分析观念的教学研讨课	展示课	2018.5
	组织学生进行数学相关竞赛	竞赛	2018.5
	本校数学各年级有关数据分析观念习题集（部分）	习题集	2018.5
	参与课题教师的发表获奖论文	论文	2019.6
最终成果	课题结题报告	报告	2019.6
	各年级的有关数据分析观念的教学研讨课	典型课例	2019.6
	参与课题教师的发表获奖论文、本校数学各年级有关数据分析观念习题集	论文、习题集	2019.6

第三篇

课堂拾贝

"面积单位"教学实录与评析
——省级项目"名师送培"培训活动公开教学

【教学内容】

苏教版义务教育教科书《数学》三年级下册第 61～63 页例 3 和"想想做做"第 1-4 题。

【教学目标】

1. 使学生体会统一面积单位的必要性，形成不同单位面积的表象，能说明或比画出 1 平方厘米、1 平方分米、1 平方米的实际大小，能根据实际正确选择面积单位。

2. 使学生通过观察、比画和操作等活动，建立面积单位和单位面积大小的观念；培养观察、类比等思维方法，体会不同面积单位意义的一致性，发展空间观念。

3. 使学生通过面积单位的认识，体会学习内容的发展和自身知识的积累，初步了解面积单位在现实生活中的应用，进一步激发学习数学的兴趣。

【学情分析】

面积单位的内容是在学生理解面积的意义，能够初步比较图形面积大小的基础上进行教学的。物体的表面有大有小，所以要根据需要认识不同的面积单位，即：平方厘米、平方分米、平方米。学生在生活中会遇到一些与面积单位有关的常识，但学生头脑中并没有形成面积单位的概念，在学生看来面积单位比长度单位更抽象、更不易理解。因此，在认识面积单位时要让学生在生活中找到与面积单位大小相近的面，这样联系生活实际来理解和记忆面积单位，会让学生较快地在头脑中建立面积单位的表象。学生建立面积单位表象后，再让学生运用所学的面积单位估计生活中物体表面的大小，在应用的过程中使学生对面积单位的认识更加深刻。

【教学重点】

认识面积单位平方米、平方分米、平方厘米。

【教学难点】

建立面积单位实际大小的表象。

【教学准备】

教师准备 1 平方厘米、1 平方分米、1 平方米的正方形和 1 把米尺；学生每人准备 20 个 1 平方厘米的正方形、1 个 1 平方分米的正方形和作业纸一张。

【教学过程】

一、导入新课

1. 教师：（出示一把米尺），你知道这把尺子有多长吗？ "米"是什么单位，它是用来计量线段的长短。你还知道其他的长度单位吗（相应板书：长度单位：厘米、分米、米）？

请学生比画一下 1 厘米、1 分米、1 米的长度。

小结：测量不同长度的线段，我们要选择合适的长度单位。

2. 教师：如果我们还想知道课桌面的面积是多大？你有什么好办法？

预设 1：用尺量。

预设 2：我们现在是要知道课桌面的大小，所以可以用物体的一个面来量。

那你就选身边的物体的一个面来量一量？

学生操作，教师巡视、指导。

谁来交流一下（我用数学书来量，大约有 6 本书的封面那么大）？

边出示课件边问：还有什么物体可以量一量（我用文具盒来量，大约有 10 个文具盒盖的底面这么大）。

设疑：同样大小的桌面，为什么表示的面积有的是 6 本书的封面大，有的是 10 个文具盒盖的面那么大（由于计量的单位不统一，所以无法说清课桌面到底有多大）？

3. 小结：为了准确测量或计量面积的大小，也要像计量线段的长度那样，使用统一的单位。这节课，老师就和大家一起来学习面积单位（板书课题：面积单位）。

【评析】 基于学生对知识的延续和承接，教师能够从学生熟悉的长度单位入手，先引导学生明确基本长度单位，为建立以边长1厘米、1分米、1米围成的正方形建构的面积单位实现最基本的空间与图形知识联结，实现了由单位长度到单位面积的合理过渡，既简洁明确，又注重知识体系的完整。而推演桌面面积因为教学目标明确，充分利用学生身边可用的素材，如铅笔盒、数学书或者衬板等具有平面价值的面来推演测量同一物体桌面的大小，突出了不同面大小导致测量结果不同，进而自然引发学生产生是否有统一的面积尺寸来确定一个物体某一平面大小的思维，为引入面积单位储备了极好的认知期望、认知欲望、认知渴望，避免了教师直白去告知学生用合适单位面积测算的、违背学生主动学习探究的灌输教学弊端，体现了老师对中年级学生认知能力的充分了解与机智把握，也为揭示课题提供了最佳机会。

二、认识平方厘米

1. 学一学

教师：这是我们要学习的第一个面积单位：平方厘米（板书：平方厘米）。

想知道1平方厘米有多大吗？同学们在尺上找出1厘米，用手准确地比画出来，脑子里想像把1厘米作为正方形的边长，围成的正方形有多大呢？

你能在学具中找到1平方厘米吗？举起来，仔细看。

强调：像这样边长是1厘米的正方形面积是1平方厘米。要把它贴在黑板上了，你感觉怎么样？

同桌相互说一说，再一齐说。

教师：厘米，我们可以用什么字母表示（板书：cm）？平方厘米也可以用一个符号来表示（板书：cm²），在cm的右上角写一个小一点的2，也读作"平方厘米"。请你伸出手指来写一写这个符号。

2. 找一找

观察：大家再看一看1平方厘米的大小，闭上眼睛把1平方厘米记在心里。

举例：请你联系生活想一想，哪些物品的面面积大约是1平方厘米（信封上的格子；骰子的一个面大约是1平方厘米；我的指甲面大约有1平方厘米……）？

学生交流时教师可以出示相应的实物。

3. 拼一拼

教师：这是1个1平方厘米的正方形，我们再拿一个，拼成了这样的图形，它的面积是多少呢？你是怎么想的？如果老师给出6个1平方厘米的正方形，你能拼成什么图形呢？面积是多少呢？

学生独立操作。教师巡视，并挑选几名同学的不同作品进行展示。

教师：仔细观察，这些图形什么在变化，什么没变呢？面积是多少？为什么都是 6 平方厘米呢（因为都是用 6 个 1 平方厘米的正方形拼成的）？

教师：也就是说，一个图形包含几个 1 平方厘米，它的面积就是几平方厘米。

4．量一量

教师：（手里拿起作业纸）我们想知道作业纸上的这个长方形的面积是几平方厘米，你有什么好办法（就是说可以用 1 平方厘米的正方形当作一个测量单位来量一量）？那你动手量一量。

巡视，引导：看谁量的又对又快还巧妙。

交流：你是怎么量的，怎么摆的（每排摆 4 个，摆了 3 排）？长方形的面积是多少？

设疑：这个同学摆满了 1 平方厘米的正方形，老师看到了有同学是这样摆的，你能看懂吗？

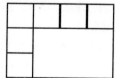

比较：虽然摆的不一样，但意思都是相同的，你更喜欢哪一种方法呢？（摆法更简便一些。）

【评析】平方厘米的认知一直都是面积单位认识的起点，也是面积大小体验、感悟、生成、建立面积大小观念的教学源头，因为掌握了最小面积单位的意义后，平方分米、平方米的面积单位大小的建构也就一脉相承。在这里老师用较多的时间和精力，细腻精准地一步一步引领孩子认识由线到面渐进发展的几何空间能力，对于培养三年级学生空间平面建立基本概念具有良性发展价值。学生通过可感知的学习、理解、感悟建立足够清晰的面积意义体会。这种方法不仅激发孩子探求的好奇性，也大大激发了体验的乐趣与探究理解的生动意义。在充分引导学生想、看、比较、触摸、排测等操作活动中慢慢建立起来的平方厘米面积的实际大小，才是最贴近学生理解、懂得、明白的内容。这里老师精巧设计了诸多探究实践的活动，并不是一味只顾教学过程的流畅，而是关切学生真切的体验，从脑子里想象的遐思，猜想大小，到结合身边实际事物的联想、对照，再到实际用 1 平方厘米来度量，完全将面积单位生动地教到位。尤其最后游戏的设计环节，将 6 个 1 平方厘米拼不同的面的构造，渗透了数学变与不变的思想，又为最后导引按长和宽边排小正方形面积单位推算以后长方形面积计算预设良好知识伏笔与铺垫，延续了后接的知识链接。

三、认识平方分米

1. 教师：（出示 1 平方分米的正方形）我还想知道这个正方形的面积是多少平方厘米？你有什么办法？（用 1 平方厘米的正方形来量一量）

教师边巡视边启发：有的同学发现小正方形不够了，那怎么摆呢，动动脑筋？摆好以后，同桌交流一下你是怎么摆的？

交流：你是怎么摆的（每行摆几个，摆了几行）？所以它的面积是……

启发：我们仔细来看一下，那么这个正方形的边长是多少？（10 厘米），10 厘米也就……我们来猜一猜，这个边长是 1 分米的正方形面积是多大呢（板书：平方分米）？"平方分米"是我们今天要学习的第二个面积单位。

教师：拿起这个正方形，它的面积是多少？边长是多少？我们再来量一量。

你能用自己的话来说说 1 平方分米有多大？先和同桌说说，再点名说，最后齐说。

学生边说，教师板书：1dm   1dm^2

2. 教师：刚才我们研究的这个正方形的面积是 1 平方分米，你能用手比画 1 平方分米的大小吗？对照这 1 平方分米的正方形比画一下。

3. 在我们身边，哪些物体表面的面积大约是 1 平方分米呢（校牌壳的面，手掌面）？

4. 刚才我们学习了 2 个面积单位，它们是……我们想再来量一量你的课桌面的面积，你会选择哪个面积单位呢？请你量出大约是多少平方分米？

课件出示课桌图

交流：只有 1 个 1 平方分米的正方形，你是怎么量的呢？

小结：现在我们使用了统一的面积单位，大家就能说清楚课桌的面积是多少了。

【评析】 平方分米的教学是建立在平方厘米基础上的，相对较为顺畅。在这里老师更关注学生通过实际操作、合理想象相对较大的面积单位，的确实际生活中还真离不开一定价值的构想，只有正确具备相应的空间架构想象，学生在正确处理桌面面积定位时才能较为科学地估算准确。而教师归结到课

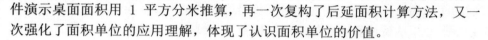

件演示桌面面积用 1 平方分米推算，再一次复构了后延面积计算方法，又一次强化了面积单位的应用理解，体现了认识面积单位的价值。

四、认识平方米

1. 教师：如果老师叫大家测量黑板面的面积，再用 1 平方分米的正方形去计量，你感觉合适吗？为什么？我们将用到一个更大的面积单位——平方米。

2. 你能说说 1 平方米有多大吗？

3. 原来是这么大的一个正方形。我们一起再来说说 1 平方米有多大？集体说时贴在黑板上，看来用平方米来计量黑板的面积比较合适。

4. 你能想办法造出一个 1 平方米给大家看看吗？（1 平方米有多大，我们还可以请同学来比画一下，请一名同学伸开双臂，量一量大约是 1 米。以他为边长，四个同学围成的面就是 1 平方米。）

5. 引导：我们再来感受一下 1 平方米到底有多大，如在往里面站人，看看 1 平方米的地方可以站多少名同学？

先让学生估计一下，再组织学生来站一站，并将人数板书。

6. 大家看地面上还有一个大长方形，你能估一估他的面积是多少吗？不要告诉老师，也不要告诉同学，记在脑子里，接着老师要问你了，我们全班 40 名同学都站在这个长方形的面上，能站得下吗？为什么？

【评析】作为本节课认识的最大面积单位，也最不易为学生充分掌握，因为学生一般无法揣摩出一个对等可比性较强的事物来衡定平方米的大小感觉，老师在这里很好地采用孩子们最乐意的形式，动感地体现出多人站立的 1 平方米底面面积大小，进而对学生生成平方米面积单位概念产生生动直观的理解产生极好的帮助。而最后利用这样的空间平面大小反推全班 40 名同学占地面积，则更为灵动地将面积单位理解应用到数学思维中，学生感悟、理解、生成的过程得到最大化有效应用。

五、巩固提升

1. 小结：今天我们学习了 3 个面积单位，它们是平方厘米、平方分米、平方米。它们都是计量面积大小的单位。你能简单比画一下吗？这些面积单位有大有小，我们在不同的场合需要选择合适的面积单位。我们一起来看。

2. 出示"想想做做"第三题。

3. 请你选择合适的单位名称，填在括号里（口答）。

重点交流第一题：一个信封的面积大约是……前面给我们的数是 200，填什么单位呢？学生回答后举起信封和 1 平方厘米比一比，教师问：估一估，合适吗？

3．过渡：仔细观察这两张图（一张蓝色，一张红色），这里的单位如何填呢？出示"想想做做"第二题。

先指出哪个图表示 1 厘米，哪个图表示 1 平方厘米？再说说它们有什么不同？（1.厘米是长度单位，用来计量物体的长短，平方厘米是面积单位，用来计量物体表面或平面图形的大小。2. 表示 1 厘米的图形是长度，表示 1 平方厘米的图形是正方形。）

但是它们之间也有着联系。我们来看（课件将两张图合并），边长为 1 厘米的正方形面积是 1 平方厘米。

4．看，老师这里带了一块正方形的地砖，在地砖面上哪些量可以用长度单位表示？（边长和周长）

哪个量可以用面积单位表示？（面积）如果我想估计地砖面积的大小，你觉得可以用什么面积单位来计量呢？

地砖上还有黑白相间的小格子，我要知道小格子的面积，该用什么面积单位？

我们看，这样的地砖铺满了整个地面，我想知道地面的面积，该用什么面积单位？

房间里铺满了一块一块的地砖，地砖上一个又一个的小方格，它们之间有着密切的联系，用来表示它们的面积单位——平方米、平方分米和平方厘米之间也有这密切的联系，有什么联系呢，我们下一节课再来学习。

【评析】教学不仅只是一个"教"，也不仅只是一个"学"，而在于教学相长，学教互动。行成于思，当教师能够很好地引领学生有针对性地研学面积单位知识时，学生的探究活动离不开老师精心的引导，而知识的获得更离不开老师准确地释疑解惑，最后的练习老师不仅注重面积单位的应用理解，更要关注到长度单位和面积单位的区别与联系的指引思考，体现了对中年级空间几何教学内涵的深度把握。面里有线，由线及面，才是知识演进构成的基本数学要素，能够赋予学生对应的思考，就是教学的价值所在。

【板书设计】

面积单位		
长度单位	边长	面积
	1 厘米（cm）	1 平方厘米（cm²）
	1 分米（dm）	1 平方分米（dm²）
	1 米（m）	1 平方米（m²）　　约站 13 人

（本节课获得 2016 年"一师一优课，一课一名师"评选活动部优课）

【总评】

围绕概念核心内涵　　精致概念教学过程

小学数学中学生接触到的概念有数百个，不管是哪一类概念，都是组成数学知识的细胞，小学生的数学素养很大程度上体现为小学生对数学概念掌握的程度。本课在围绕概念核心内涵，精致概念教学过程方面进行了探索，主要体现在以下三方面：

1.关注学习的开始催生"面积单位"产生的需求，诱发度量单位学习的动机

数学概念的引入，是数学概念教学的第一步。概念引入得当，可以充分地激发起学生的兴趣和学习动机，为学生顺利地掌握概念起到奠基作用。教师引导学生回顾复习了关于长度单位的相关知识，借助长度单位的学习推想出面积单位的知识，发展了学生合情推理的能力。在复习了"面积"的意义后，教师创设了"要知道课桌面的面积有多大，用尺来测量可以吗"的认知冲突，引发测量课桌面面积的动机。在"如何测量"的问题引领下，教师放手让学生自主选择测量工具。如，用数学课本在课桌面上摆一摆、用文具盒在课桌面上量一量，当然，学生还会用身边的其他物品来测量。由于各人选择的工具不同，测量的答案不会一致，这就影响了表达和交流。于是想到，测量长度有统一的长度单位，测量面积也需要统一的面积单位。由此教师揭示："为了准确测量或计量面积的大小，要用统一的面积单位。"这一段教学活动引发了学习面积单位的动机，让学生体验了人类创造面积单位的历史进程，并进而体验到统一面积单位的必要性。

2.关注学习的过程——经历"面积单位"的形成过程，形成度量单位的直观表象

虽然日常生活中，学生经常使用长度、面积、体积等概念，但这些概念本身却是抽象的，理解这些概念并不容易。小学生形成这些概念的心理过程主要是"感知—表象—概念"。为了帮助学生建立这些面积单位的观念，教师应注意遵循学生的认知规律，科学地设计知识形成的过程。

（1）语言描述，规范建构

教师用"边长1厘米（1分米、1米）的正方形，面积是1平方厘米（平方分米、平方米）"这三句话，帮助学生逐一抽象出三个面积单位的含义。对学生来说，正方形是熟悉的图形，1厘米、1分米、1米是已经掌握的长度单位，他们能够有意识地定义面积单位，从而知道常用的面积单位有哪几个，各个单位面积有多大。

（2）直观表示，感官体验

能否准确建立度量单位的直观表象，并且在新的问题情境中能够自觉唤醒，这是度量单位教学的重点和关键。如何建立表象？关键是加强感知和体验，教师设计了丰富的数学活动，充分调动学生动手、动心、动眼、动情的诸多体验性参与，不仅赋予学生应有的触摸体会，在操作实践中领悟面积单位的构成、大小，进而跃升为结合生活实物大小的对照，学会能动地把握不同面积单位的实际意义、大小空间，并能合理推导出相应规范的面积单位意义，比较真实可感地引领了学生对面积单位的准确理解，充分显示了操作活动对学生空间想象能力生成的意义。

一是根据对各个面积单位的语言表达，观察或想象三个单位面积的图形，即边长是 1 厘米、1 分米、1 米的正方形。带着这些正方形，阅读和复述教材关于各个单位面积的描述，理解这些单位面积的概念。

二是根据对各个单位面积的语言表述和各个单位面积的图形，分别做出面积是 1 平方厘米、1 平方分米、1 平方米的正方形。通过动手制作，亲身体验每一个单位面积的形状与大小，巩固头脑里的表象。

三是凭借头脑里各个单位面积的表象，在身边的物体上寻找面积大约 1 平方厘米或 1 平方分米的面；用手势表示 1 平方分米有多大；试一试 1 平方米的正方形地面大约可以站多少个同学……这些活动既有趣，又突出 1 个单位面积的实际大小，使学生以已有的生活经验为基础，在丰富的活动体验中获得每一个计量单位的实际大小。

（3）测量面积，积累经验

用单位面积测量面积的原始方法是选择一种面积单位，把它的图形在物体表面或平面图形里摆一摆，看一共摆了多少个这样的图形，得出物体表面或平面图形的面积是多少。让学生开展这样的测量活动，能够进一步体验面积和面积单位的意义，也为探索长方形面积计算公式积累操作经验。

3. 关注学习的效果——在思考中深化"面积单位"的本质，感悟概念学习的魅力

从认识的过程来说，形成概念是从感性认识上升到理性认识的过程，巩固概念则是识记概念和保持概念的过程，是加深理解和灵活运用概念的过程。有意识利用数学的概念来解释现实世界中的现象，解决现实世界中的问题，也是培养学生应用意识的重要途径。

（1）比较——凸显概念教学，关注知识体系的联系与变化

教师从长度单位入手，既关注到空间与几何教学中线与面关系，还就长

度单位与面积单位的关联与区别做出最为准确的引领，不仅促进了学生对新知识的理解，又把已有的数学经验和后续要发展的面积计算方法渗透进本节课的研究、操作和感悟中，大大提高了面积单位概念教学中对空间知识的准确理解。

教师有意将 1 平方厘米、1 平方分米、1 平方米的教具叠在一起板贴，直观形象，便于学生观察思考，引导学生在直观感知的基础上，初步建构平方米、平方分米、平方厘米之间的关系，为学习面积单位之间的进率打下埋伏。

（2）应用——凸现概念学习的应用价值

让学生选择合适的面积单位去测量生活中的面，不仅使学习成果得到了运用，而且还紧扣本节课开始的问题情境，让学生充满了自豪感并获得解决问题的成功体验。估测的意识和能力是在实践中发展起来的。教师从生活中的实际应用出发，引导学生进行估测。如让学生在解决一个信封面积的问题过程中，进行相关估测活动，这有助于增加学生基于亲身体验建构测量标准的实际意义，也能帮助他们掌握一些估计的策略。

评析者：　苏州市小学数学教研员　刘晓萍
苏州市教育科学研究院

"轴对称图形"教学实录与评析

——苏州教育学会 2013 年小学数学年会公开教学

【教学内容】

义务教育课程标准实验教科书数学三年级（下册）第 56～60 页。

（注明：本课内容为 2013 年苏教版教材。）

【教学目标】

1. 使学生联系生活中的对称现象，通过观察和动手操作，初步认识轴对称图形的一些基本特征。

2. 使学生能根据对轴对称图形的初步认识，在一组实物图案或简单平面图形中正确识别轴对称图形；能用一些方法"做"出一些简单的轴对称图形；能在方格纸上画出轴对称图形的另一半。

3. 使学生在认识、制作和欣赏轴对称图形的过程中，感受到物体或图形的对称美，激发对数学学习的积极情感。

【教学重点】

1. 理解轴对称图形的特征，能识别轴对称图形；
2. 能做出轴对称图形，能在方格纸张上画出简单的轴对称图形；

【教学难点】

引导学生在自己的操作活动中发现和认识轴对称图形的一些基本特征。

【教学过程】

课前让学生欣赏一些轴对称图形的图片。

一、情景引入

1. 引入

教师：同学们，刚才欣赏的这些美丽的图片，把我们带进了大自然。看，花园里昆虫们在欢快的飞舞着。你能猜一猜，它们分别是什么吗（出示课件：蝴蝶、蜜蜂、蜻蜓的一半，学生猜中后出示另一半）？

教师：同学们真棒，那你怎么一下子就猜对了呢，这些昆虫有什么共同的特征吗？

预设：①它们两边是一样的、形状相同的、大小一样的、一模一样的等。② 两边是对称的。追问：为什么说它们是对称的（因为它们左右两边是一样的）？

教师引导：我们再来看看图是不是这样呢？蝴蝶的两边是完全一样的，蜜蜂……蜻蜓……

教师：很好，像这些昆虫的两边是完全一样的，我们就说它们是对称的。（板书：对称）

2. 说一说

教师：像这样对称的物体，在我们生活中你还看到过哪些呢，能举一些例子吗？（学生举例）

教师：对称的物体处处可见，让我们再来欣赏一些。

学生边欣赏，教师解说：这些物体都是对称的，还有许多著名的建筑也是对称的。

二、教学新课

1. 大自然里、生活中有了对称，才如此美妙，如此精彩。（出示天安门、飞机、奖杯图片）老师还带来了三样物体，看看它们是什么？

把这些物体画下来，得到下面这些图形，看这些图形是不是对称的呢？你是怎么知道的，你有什么办法来证明吗？

2. 那请大家拿出 1 号信封里的图形，同桌合作，用你们想到的方法来研究它们是否是对称的？（板贴 3 张图）

（1）学生操作，教师巡视。

（2）组织汇报：你是用什么方法来研究的呢？（板书：对折）谁能来示范一下，你是怎么对折的？（指名操作板贴。）引导：天安门图是怎么对折的？飞机图，奖杯图呢？（说明左右对折，上下对折）

（3）这三个图形对折后，你发现了什么呢？学生讨论，教师巡视，引导叠在一起。

预设：①这些图形对折后，两边都是一样的。②两边重叠在一起，重合在一起。

追问：刚才同学们发现了两边是一样的，你怎么知道呢？

教师：同学们说发现了对折后图形两边重叠在一起，我们数学上叫做重合。（板书：重合）老师这也有一个图形，看这是什么？（杯子图片）对折后两边也重合了。和上面这些图形的重合一样吗？（杯子图对折后只有部分重合，那天安门图对折后是全部重合）

揭示：对，我们可以说它们两边"完全重合"。（板书：完全）

3. 指出：像这些，对折后能完全重合的图形，我们把它们叫做轴对称图形。（板书：轴对称图形）

现在你能说说天安门图、飞机图和奖杯图为什么是轴对称图形吗？同桌相互说一说。

三张图逐一交流，重点指名交流天安门图。

交流结束后，课件出示概念。

4. 对折后两边完全重合，这里所说的两边，是以哪儿为界限的？（引导到中间的线或折痕）同桌相互指一指。

揭示：这条折痕所在的直线叫这个图形的对称轴。（并板书：对称轴），对称轴我们一般用点划线来表示。（画对称轴）

同桌再相互指一指另外两个图形的对称轴。

指名一学生上台指出飞机图和奖杯图的对称轴。（教师说明：对称轴要用点划线表示。）

三、教学"试一试"

教师：刚才的探索让我们对轴对称图形有了一定的了解，你能判断下面哪几个图形是轴对称图形呢？大家可以直接观察，也可以从 2 号信封里拿出图形动手折一折。

教师：下面我们来交流一下，你判断出哪几个图形是轴对称图形？（1、2、4 号图形，在图形旁边打钩）。有不同意见吗？（可能 5 号有争议，先放一边，等待讨论）

大家都觉得 1、2、4 号图形是轴对称图形，你能说明理由吗？（因为这些图形对折后左右两边能完全重合，所以它们是轴对称图形。）说的真不错，奖你一颗五角星。

谁还能像这名同学一样用"因为……所以……"完整地说明理由。真棒！奖你一朵紫荆花。

你能指出这几个图形的对称轴？用手指比画一下。指定一名学生上台来指。奖励一辆小汽车。

这个长方形除了这么对折，还可以怎么对折？ 看来长方形有两种不同的折法判断出它是轴对称图形。它有 2 条对称轴。

追问：3 号是不是？同样都是三角形为什么不是了？（对折后不能重合）老师奖你一把智慧金钥匙。

指出：看来有的三角形是轴对称图形，有的三角形不是。我们只要通过对折就可以知道了。

5 号图形为什么不是轴对称图形？谁来说明理由。（引导四种对折方法：左右折、上下折、斜折、斜折）太棒了。

教师：不管怎么对折，都不能使两边完全重合，所以它不是轴对称图形。通过刚才的活动，你们知道怎么来判断一个图形是不是轴对称图形？

学生回答后补充，而且我们要沿着不同的方向尝试多折几次。

四、 在巩固中深化认识

1. 出示"想想做做"第 1 题。

教师：今天我们三（6）班同学的表现真好，老师刚才还奖给了四名同学小汽车、紫荆花、五角星、金钥匙的图片。你能判断哪些图形是轴对称图形吗？先仔细观察，再举手回答。

先交流小汽车和五角星，说明理由。引导看五角星，除了这样折，还可以怎么折，是吗？还能怎么折，课后大家可以去试一试。

那紫荆花呢？（虽然图形是圆形，对折后能完全重合；但是里面的图案，花对折不能完全重合。）

钥匙呢？（上面有齿下面没有齿，对折后不能完全重合。）

2. 判断汉字、英文字母。

教师：我们刚才研究了天安门图是轴对称图形，天安门是我们中国的代表建筑。大家看，中国这两个字是轴对称图形吗？那么中国英文怎么说啊，（CHINA）我们一起拼读一下。

教师：那这个单词中哪些字母是轴对称图形呢？

学生逐一判断：C 是的，你是怎么判断的？H 除了上下对折还可以怎么折？I 是的，N 不是，A 是的，想想对称轴在哪里呢？

3. "想想做做"第 5 题。

教师：CHINA 是中国的英文名，中国的国旗是什么？它是轴对称图形吗？说明理由。

教师：每个国家都有自己的国旗。那你知道这些是什么国家的国旗吗？哪几面是轴对称图形？意大利的国旗是怎么对称的？加拿大的国旗是怎么对称的？（课件演示）美国的国旗为什么不是？

小结：看来要判断一个图形是不是轴对称图形时，不仅要看他的形状大小，还要看里面的图案。

4."想想做做"第6题。

小芳搜集了下面的一些标志（逐一介绍交通标志、汽车标志、银行标志），你能找出哪些是轴对称图形吗？请同学们直接判断，并用手势来表示。选择禁止通行和宝马标志说一下理由。

五、自主创作"轴对称图形"。

1. 教师：在我们的生活中发现了这么多的轴对称图形，那你们想不想自己动手"做"一个轴对称图形呢？根据手中的材料想一想，你准备用什么办法？大家来说一说。

集体交流办法（剪、拉、印、撕）

2. 教师：大家的办法真多。现在就请同学们利用手中的材料开始做轴对称图形吧。

学生活动，做轴对称图形。

3. 展示学生作品，并进行师生评价。

学生1．介绍围的方法。问：它围的是轴对称图形吗？那你能指出它的对称轴吗？

学生2：介绍印的方法。

学生3：介绍剪的方法。问：你是怎么剪的？你能指出它的对称轴吗？

4．练习：

①"想想做做"第4题。

教师：我们来看这名同学剪下来的图形，你能想象出它剪出的是什么图案吗？

那下面的图案各是从哪张纸上剪下来的？你能连一连吗？完成书上59页第4题。学生连线后核对答案即可。

②"想想做做"第3题。

教师：除了刚才同学们介绍的这些方法之外，我们还可以利用方格纸来画轴对称图形。如果给你轴对称图形的一半，根据这条对称轴，你能想象出它的另一半吗？请同学们动手画一画，完成书上第58页第3题。

学生完成后，交流画法。

六、欣赏图片，情感体验

谈话：同学们，刚才我们用这么多种方法做了轴对称图形，其中很多同学利用了剪的方法。其实我国很久以前就有了剪纸艺术。我们来欣赏一下。艺人们正是利用了轴对称图形的特点，创造出了如此美丽的艺术作品。中国的剪纸艺术已成为世界非物质遗产，享誉全球。

七、课后作业。

课后去收集一些轴对称图形的图片，并分类进行整理，贴在教室的数学角里，请全班同学一起欣赏。

【总评】

听了赵一峰老师"轴对称图形"一课，感受他在深入研究了教材基础上充分进行了预设，全课目标明确、层次清晰、师生教学活动有效，更有以下特色：

1. 在生活中提炼素材。

数学知识源于生活，用于生活。轴对称图形在生活中的实例和应用都非常广泛。老师在课堂的各个环节，自始至终从学生的身边，从学生熟知的事物中，去挖掘和提炼出有利于学生学习的素材，并很好地处理好了"体"与"形"的关系，克服了因素材的社会化而影响科学性这一较常见的问题，如立体图形的对称合理转化为平面图形的对称，这些素材使学生的学习更具有形象性、趣味性，能激活学生的生活经验，提升学生参与的兴趣，提高学习的效率。

2. 在操作中增加体验。

孩子的指尖上跳跃的是智慧与创造。本课教师注重学生的动手操作，让学生手脑并用，比如，学习新课时，让学生动手折一折，配上形象具体的媒体演示，从而自然地引出轴对称图形的概念；拓展深化时，让学生用不同的方法动手做一做，让学生创造轴对称图形、创造美，学生可以根据自己的喜好选择素材来创造，学生的自主性得到了充分的体现；课尾练习时，还让学生动手画一画，能在方格纸上画出轴对称图形的另一半，等等。通过学生的折一折、做一做、画一画等操作活动，鼓励学生多种感官同时参与知识的发生、发展、形成的过程，更有利于学生理解和掌握知识，全方位发展学生的智能。

3. 在激趣中启发智慧。

激趣是教师引导学生积极主动参与到学习过程的有效方法。教师在教学环节的推进中，有意识地考虑了学生学习的兴趣，再组织学生有层次地开展了一系列练习，通过素材的挖掘和学习活动的设计，让学生从学习中感受了乐趣，并由此让学生更有效地进行学习。如在练习环节中，教师从几乎每天都会见到的"中国"两字入手，分析一下汉字中的轴对称现象，再由英文"CHINA"研究字母中的轴对称现象，让研究中国国旗是否是轴对称图形，引发到其他国家的国旗以及其他标识，在这一系列充满趣味的活动中，学生不但学会了判断什么样的图形是轴对称图形，而且能指出不同轴对称图形的对称轴。在"玩"的过程中，学生智慧的大门也被老师悄悄地打开。

评析者：特级教师　朱红伟
苏州市工业园区独墅湖学校

"解决问题的策略——从条件想起"教学实录与评析

——省市合作特级教师后备高研班展示观摩活动公开教学

【教学内容】

教科书第71～73页例1和"想想做做"。

【教学目标】

1. 使学生在解决实际问题的过程中初步学会从条件出发展开思考，分析并解决相关问题。

2. 使学生在对解决问题过程的反思中，感受解决问题策略的价值，发展分析、归纳和简单推理的能力。

3. 使学生进一步积累解决问题的经验，增强解决问题的策略意识，获得解决问题的成功体验，提高学好数学的信心。

【教学重难点】

让学生在解决实际问题的过程中初步学会从条件出发展开思考，分析并解决相关问题。

【教学过程】

一、复习思考，引入新课

谈话导入：小猴皮皮一家非常勤劳，在屋前的果园里种了好多水果，到了收获的季节，水果都成熟了。

1. 我们看，这些就是小猴家收获的苹果和橙子。

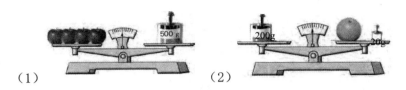

（1）　　　　　　　　　　　　（2）

　　教师：从上面这张天平图上，你知道了什么？（我知道了两边的东西是一样重的。）

　　教师：那这些苹果有多重呢？（这 4 个苹果重 400 克。）

　　教师：那你又想到了什么？（每个苹果是 100 克。）

　　教师课件出示问题：一个苹果多少克？并提问：你是怎么求出每个苹果是 100 克的？（400÷4=100）

　　课件出示算式：400÷4=100（克）

　　看了下面这张图，你又知道了什么？（我知道了橙子的重量加上 20 克等于 200 克。）

　　教师：你又能解决什么问题呢？

　　教师课件出示问题：这个橙子多少克？并提问：你是怎么求出这个橙子是 180 克的？

　　2. 教师：小猴皮皮在果园里数一数，有苹果树 24 棵，梨树 8 棵。根据这 2 个条件你能提出什么问题吗？

　　预设 1：苹果树和梨树一共多少棵？

　　预设 2：苹果树比梨树多多少棵？

　　预设 3：苹果树是梨树的几倍？

　　教师随机出示问题，并引导学生解答。

　　小结：根据相关联条件，可以提出相应的问题。（板书:条件→问题）在解决实际问题时，我们经常用这样的方法思考和分析，这是一种很好的思考方法。

　　【评析】三年级的学生已经具备初步解决简单实际问题的经验，对题目的条件与问题之间的关联也有自己的感觉，在课的引入阶段，赵老师以图文两种形式，唤醒学生"根据两个已知条件，可以解决一些问题"的已有经验，从而为学生形成"从条件想起的策略"提供一个较好的教学切入点。

　　二、呈现例题，探求新知

　　1. 谈话：到了来年的春天，桃子成熟了，小猴每天都帮猴妈妈摘桃，而且摘桃的本领越来越强。我们一起来读题……

2. 出示例 1 的情景图和条件，学生齐读：小猴帮妈妈摘桃，第一天摘了 30 个，以后每天都比前一天多摘 5 个。

3. 教师：我们读到了几个条件？第一个条件知道了什么？第二个条件知道了什么？那"以后每天都比前一天多摘 5 个"，这个条件你是怎么理解的？

学生 1：第二天比第一天多摘 5 个，

学生 2：第一天的个数+5 就等于第二天的个数……

教师出示课件上的关系式：第一天摘的个数+5 就等于第二天摘的个数

教师：看了这些关系式，你能用一句话来概括一下吗？

学生 1：后一天比前一天多摘 5 个。

学生 2：前一天摘的个数+5=后一天摘的个数（板贴）

教师小结：根据题中的这个条件，我们找出了这个数量关系。（板贴并板书"数量关系"）

4. 教师：同学们理解了条件之间的关系，那能帮小猴算一下第 3 天摘了多少个？第 5 天摘了多少个吗？（课件出示问题。）同桌先讨论一下。

同桌讨论，教师巡视。引导学生说说你准备先算什么？再算什么？

5. 启发：我们从这两个条件出发来分析数量关系，你打算先算什么，再算什么呢？

6. 提出要求：那就请你用填表或列式计算求出答案，完成在作业纸上。

学生完成后，组织交流：（教师板贴）

（1）我们先算出了第二天是多少个？你是根据什么条件求出第二天的个数的？第三天是多少个？你是根据什么求出第三天的个数的？第四天是……这样一天一天地推算下去。（标出省略号）

（2）哪名同学用了列式计算的方法求出答案的？引导说出每一步的算式。

（3）下面我们一起来口答一下这个问题。对，我们要选择问题要求的答案填写在答句中。

（4）我们根据条件依次求出第二、第三、第四、第五天的个数，知道了第五天摘了 50 个，那你有没有其他方法，能直接求出第五天摘了多少个呢？讨论一下。

重点交流：5×4 表示什么？

小结：不管是列式还是列表，我们都是从已知条件出发，一步一步地进行思考。像这样，从已知条件出发（板贴："从条件想起"）分析和解决问题的方法，是一种常用的解决问题的策略。（板贴课题：解决问题的策略）

7. 过渡：下面我们用这个策略再帮小猴子解决一个问题。小猴皮皮摘桃觉得很累了，它就拿了个小皮球爬到树上玩耍起来，可是发生了一点意外。究竟是什么意外呢？我们一起来读一下题目。

（1）出示题目并提问：条件是什么？什么问题呢？

问：小皮球从 16 米的树上掉下，第一次弹起大约在什么位置？有多高？（8 米）你们根据题目中什么条件求出是 8 米，一起读一读？（引导学生齐读，课件将条件变红。）

（2）强调：第二次皮球从 8 米的地方掉下来后再弹起，下面就请同学们根据条件依次填写表格。

（3）交流时追问：第一次弹起 8 米，你是怎么得到的？教师相应地在表格下面出示算式（第一次弹起：16÷2=8（米）……

（4）第 5 次还能弹起来吗？是多高？（也就是 1 米的一半）我们看，皮球就是这样一直不断的弹下去，直到最后停下来……（出示省略号）

8. 回顾刚才解决这两个问题的过程，我们一步一步是怎么做的？

交流：（1）我们看到这些问题之后先做什么？（读读题目，把条件和问题弄清楚。）

（2）接着是怎么思考的呢？（从条件想起，想想可以先算什么，再算什么。）

（3）最后解决问题。在解决问题时，我们用到了哪些方法？（列式、列表）

【评析】顺利解决问题的首要步骤是"理解题意"，面对问题情境，仔细阅读条件的意思，弄清已知什么条件，要求什么问题，想清不同条件之间、条件与问题之间的关联是非常重要的一步。在教师的带领下，学生对"以后每天都比前一天多摘 5 个"以及"每次弹起的高度总是它下落高度的一半"这两个关键的条件进行充分地个性化解读，思考其潜在的数量关系，有助于解题思路的形成。

三、类比应用，丰富体验

1. 过渡：小猴皮皮真的很勤劳，还忙着帮妈妈摘草莓呢，我请男同学来读一下题目。

（1）教师指板书，提出要求：我们先要弄清条件和问题，你能找出题中的条件和问题吗？

（2）教师：第二步，我们从条件出发，可以先根据什么算出什么，再根据什么算出什么呢？同桌讨论一下。

课件出示：先根据（　　　　）和（　　　　），求出（　　　　　）

再根据（　　　　）和（　　　　），求出（　　　　　）

（3）先组织学生交流，教师从题目中拖动相应的条件填入空格内，再一起组织学生说说思路。

（4）教师：我们从条件出发，已经确定了先算什么，再算什么？你会解答了吗？完成在作业纸上。

学生解答后，交流答案。算式写在关系式对应的位置，并说说每一步的意义。

2. 过渡：收获了这么多水果，小猴皮皮邀请了小伙伴到他家做客，他家客厅非常漂亮，地砖是用花、白地砖铺成的。我们来看……

（1）出示题目，先请女生读题。

出示：先根据（　　　）和（　　　　　），求出（　　　　）

　　　　再根据（　　　）和（　　　　　），求出（　　　　）

（2）教师：根据题中条件，我们想想可以先根据什么算出什么，再根据什么算出什么？想好后列式解答。

指一名学生在黑板上写出算式并提问：你来说说，你是怎么想的？

学生交流解题思路。

（3）教师：如果第三个条件没有了，可以算出花地砖的块数吗？

引导：我们再从已知的两个条件出发，结合这张图好好想想，大家会有新的发现。让学生相互议一议。

小结：我们从已知的两个条件出发，结合这张图思考一下，也解决了问题，这张图帮了我们很大的忙。

【评析】从条件想起，是解决问题最为基本的策略，教学时需要学生通过对解题过程的回顾，体验其一般方法，以帮助学生掌握策略运用的要领。在这个环节，赵老师重视带领学生利用"先算什么、再算什么"说思路的办法，帮助其感悟"从条件想起，往往是通过已知的两个条件，先求出一个问题，并把这个问题的结果作为一个新的条件，再与另一个条件结合起来，求出最终的问题"这个基本思路，并通过灵活解题、变化条件等手段，促进学生更深层次的思考。

四、自主应用，提升认识

1. 过渡：小猴子们在皮皮家玩得可开心了，还排成一排做起了游戏。请大家自己来读读题目：

（1）提出要求：大家看到了这 18 只小猴了吗？先在图中标出两只小猴的位置，再解答。

（2）指名上台指着题目，交流想法。

（3）教师：从图上可以看出乐乐和兵兵之间有 6 只小猴子，我们可以怎么列式呢？

（4）口答如何列算式，并口答答句。

引导反思：解决这个问题，同样是从条件想起的，我们还用了什么方法？画图的方法确实给了我们很大的帮助。

2.完成"想想做做"第 5 题。

今天上课小朋友们真乖，下面老师和大家一起来做个"估一估"的游戏，看看谁的眼力最准，好吗？

（1）逐步出示：大家看第一个条件是"第 1 个正方形里画了 2 个圈"，第二个条件是"以后每个正方形里画圈的个数都是它前一个正方形里的 2 倍，并且都和第一个正方形里的圈同样大"。

那你想一下第二个正方形里画几个圈？（课件出示 4 个圈）第三个正方形里呢？

（2）提问：每个正方形里画的圈会越来越多，那现在你们估计一下从第几个正方形开始就画不下了。（有学生估计第 4 个，有估计第 5 个）

（3）请学生说明各自的理由。先让答案是第 4 个的学生说明理由，然后引导：那么我们再来看看问题问的是什么呢？强调画不下。

教师操作课件，达成共识，第四格画满了，从第五个开始就画不下了。

五、全课小结

今天我们在和小猴们的活动中学习了一种解决问题的策略，那就是……我们知道了解决问题首先要……其次要从条件想起来……最后解决问题，在解决问题时还可以用到哪些方法？从条件想起是一种很有用的策略，但有的问题也可以是从问题想起来解决，下学期我们就将学习从问题想起来解决问题的策略。

【板书设计】

解决问题的策略

前一天摘的个数+5=后一天摘的个数　　　　　　——从条件想起

第一天	第二天	第三天	第四天	第五天	……
30个					

第二天：30+5=35（个）　　　　　弄清条件和问题

第三天：35+5=40（个）　　　　　找出数量关系（先算……再算……）

第四天：40+5=45（个）　　　　　解决问题（列式、列表、画图）

第五天：45+5=50（个）

答：第三天摘了（　）个，第五天摘了（　）个。

	15×8=120（块）	8+15=23（块）
5×4=20（个）	120-70=50（块）	23×2=46（块）
30+20=50（个）		46+4=50（块）

【总评】

"从条件想起"是苏教版小学数学第五册修订以后新增的内容，其目的是加强学生对解决问题基本方法与步骤的感悟，帮助学生更好地经历发现问题、提出问题、分析问题和解决问题的全过程。第三册（上）"从条件想起"单元便是安排在学生已经掌握简单的一步计算实际问题和简单的两步计算实际问题之后，通过两个例题来帮助学生体验、感悟、形成"从条件出发"的思考策略，并不断积累自觉运用策略的经验。本课教学的例1，重在帮助学生联系已有的解决实际问题的经验，激发学生感悟用"从条件想起思考的策略"分析数量关系，探寻解题思路，形成解题的基本方法，并灵活解决一些实际问题。赵老师的教学体现了以下几个特点：

（1）关注已有的解题经验，突出数量之间的关系

经验是学生数学学习必不可少的重要基础。解决问题的策略教学需要依靠在前一阶段学到的知识经验，侧重于对方法的归纳总结、侧重于对个体解决问题过程中的感悟来升华凝练解决问题的经验，以形成策略。本课例题选择了具有典型意义的素材，提供了学生不是经常接触到的非常规的、较难理解的条件，创造条件让学生充分关注对题意的理解，而不是快速地走向问题的解决。赵老师能较好地理解编者的意图，从引入、展开等环节，聚焦"研究条件"这个环节，充分带领学生从理解条件的意思，寻找条件的关系入手，突出了条件和条件之间的关联，让学生清楚地感觉到在解决问题的过程中"从条件出发，利用两个有关系的条件可以解决一个问题"的思考路径，并通过有序的思考，一步步使思维条理化。

（2）关注对关键条件的个性化表征，突破教学难点

解决问题的核心是学生对数量关系的理解和表征，也是"从条件想起"策略运用的关键环节，其本质是有选择的提取需要的条件，根据条件间内在的联系，确定适当的运算方法，从而找到问题的答案。因此，在帮助学生感悟、形成策略的过程中，引导学生结合具体情境对问题信息进行感知、理解和内化，是一个必须被充分展开的过程，学生表征问题的水平也将直接影响解决问题的思路与方法。因此，在本课选取的几个问题的解决过程中，赵老师都非常关注学生对数量关系的原生态表征，对于"以后每天都比前一天多

摘 5 个"这一条件，赵老师是要求学生举举例子，从正向、反向的角度充分理解，并自然而然地对数量关系加以抽象；对于"想想做做2"，赵老师采用的办法是做做实验、加以演示等方法来对条件进行加工。正因为理解和表征数量关系的方式是多种多样的，所以这也就决定了在解决问题的过程中，学生的方法是灵活多样的，当学生理解每一步算法的意义并了解它与问题之间的关联后，不仅能满足解决当前的问题，还有利于促进"从条件想起"基本策略模型的形成。

(3) 关注对策略形成的一般步骤的梳理，重视对策略的感悟。

为帮助学生形成"从条件出发"的解题策略，在理解题意以后，教师需要将学生这种内隐的解题思路变为具体可见的解题计划，从而进一步让学生去体验"从条件出发解决问题"的一般过程，在解题前说思路、在解题后回顾思路，能将学生思考的重心转向对稍复杂问题特征的感悟，便于对策略的梳理和提炼。赵老师通过对例 1 的解决，紧接着呈现的皮球下落的问题，表面上看素材完全不同，实则条件间的数量关系十分相似，解题思路相仿，学生完全有能力运用刚才解决问题的经验独立解决，这个过程，重在让学生聚焦"从条件想起"，到底怎么想，想什么，从而梳理出从条件想起的"序"，策略的萌生逐步趋向明朗化。在教学的第三、第四个版块，赵老师更是放手，让学生自主运用之前获得的经验体会独立体验从条件想起的策略解决问题的全过程，重在解题思路的表述，重在数量关系的梳理，重在思维过程的展开，从而帮助学生进一步感悟运用策略给问题解决带来的实用价值。

评析者： 特级教师 张芯菁
苏州市姑苏区敬文实验小学

"倍数和因数"教学实录与评析

——江苏省优质课评比活动公开教学

【教学内容】

苏教版《义务教育课程标准实验教科书 数学》四年级（下册）第 70～72 页例 1-3，想想做做 1-4。

（注明：本课内容为 2009 年苏教版教材，此内容现已调整到五年级下册。）

【教材简析】

这部分内容主要让学生通过操作，利用乘法算式，认识倍数和因数的意义，理解倍数和因数的关系，掌握找一个数的倍数和因数的方法，发现一个数的倍数、因数的某些特征。在此之前，学生已经分阶段认识了百、千、万、亿以内以及一些整亿的数，较为系统地掌握了十进制计数法，同时也基本完成了整数四则运算的学习。在此之后，还将探索 2、5 和 3 的倍数的特征和认识素数与合数。教材安排了 3 道例题和 2 道"试一试"。例 1 通过用 12 个同样大的正方形拼成不同的长方形的操作，让学生写出不同的乘法算式，在此基础上教学倍数和因数的意义。例 2 教学找一个数的倍数的方法，接着通过"试一试"让学生再找出两个数的倍数，并引导学生观察，发现一个数的倍数的特征。例 3 用同样的方法引导学生找出一个数的因数并发现一个数的因数的特征。"想想做做"第 1 题利用倍数和因数的概念阐述两个数的关系；第 2、3 题结合生活现实加深对倍数和因数意义的理解，初步体会倍数、因数在现实生活中的应用；第 4 题让学生练习写出几个数的倍数和因数，巩固找一个数的倍数和因数，巩固找一个数的倍数和因数的方法。

【教学目标】

1. 让学生通过操作，利用乘法算式，认识倍数和因数的意义，理解倍数和因数的关系，掌握找一个数的倍数和因数的方法，发现一个数的倍数、因数的某些特征。

2．让学生体会一个数的倍数与因数之间相互依存的关系，发展学生的数感，培养学生观察能力、分析能力和抽象能力，并在找一个数的倍数和因数的过程中，培养学生思维的有序性、条理性，增强学生的探究意识和求索精神。

3．让学生感悟数学知识内在联系的逻辑美，感受到数学思考的魅力，增强学生学习数学的兴趣。

【教学重点】

1．理解倍数与因数的意义及相互依存关系。
2．掌握找一个数的倍数和因数的方法。

【教学难点】

1．理解倍数与因数的相互依存关系。
2．能够有序地找全一个数的所有因数，做到不重复、不遗漏。

【教学准备】

多媒体课件，小正方形 12 个。

【教学过程】

一、课前交流

老师和大家通过刚才的交流相互认识了，那你知道赵老师和你们是什么关系？（师生关系，我是你们的老师，你们是我的学生。）人与人之间有这样的关系，数与数之间会不会也有一定的关系呢，就让我们带着这个问题一起走进今天的数学课。

二、教学倍数和因数的意义

1．谈话：大家桌上都有 12 个同样大的正方形，同桌合作，用这 12 个正方形拼成一个长方形。

学生分组操作。

2．组织交流：

①你是怎么摆的？（根据学生回答出示）谁能用一个乘法算式把这种摆法表示出来？根据这个算式还可能怎么摆？

说明：其实第一种摆法旋转一下就得到了第二种摆法，所以我们把它们看作一种。

②还可以怎么摆？乘法算式呢？ （引导多种摆法）

3．引导自学倍数和因数的意义。

提出要求：通过刚才的操作，我们得到 3 种不同的乘法算式，而且答案都是等于 12。那么 4、3、6、2、12、1 这些数与 12 有什么关系呢？你想知道吗？请大家把书打开翻到 70 页，自学 70 页下面一段话。

4．反馈自学情况：我们以 4×3=12 为例，通过自学你知道了什么？（指名回答）

指名回答后，请各自根据算式再来说一说它们之间的关系。

最后教师出示整理成的 4 句话，让学生一起再来说一下。

（课件显示：12 是 4 的倍数，12 也是 3 的倍数；3 是 12 的因数，4 也是 12 的因数。）

5．引出新课：这就是我们今天这节课要研究的"倍数和因数"。（板书课题）

6．教师出示另外 2 道乘法算式并要求：这儿还有两道乘法算式，你能说一说哪个数是哪个数的倍数？哪个数是哪个数的因数吗？同桌先相互说一下，再交流。

强调：12×1=12 中两句话说起来很拗口，我们要注意这个 12 是那个 12 的倍数，这个 12 是那个 12 的因数。

再让学生一齐说一遍，强化倍数和因数的关系。

7．要求同桌两人合作，一名同学说出一道乘法算式，同桌根据这个算式说一说谁是谁的倍数，谁是谁的因数。

组织交流。

8．（课件隐去后两道算式，下移 4×3 的图形，再右边添上 2 列）教师：这个图形你能用一道乘法算式表示吗？你能说一说，谁是谁的倍数，谁是谁的因数？如果写成这道算式 18÷6=3，你能说一说吗？

学生交流后，引导说明其实它也是根据 3×6=18 这道乘法算式找出倍数和因数的关系。

9．强调研究的是非 0 自然数。

教师：看来我们根据乘法算式、除法算式都能找到一个数的倍数和因数。但是为了方便，我们要注意什么呢？请大家看书上 70 页最下面的一句话，看了这句话你知道了什么？不是 0 的自然数指的是哪些数？ （1，2，3，4，…）

我们研究的就是除 0 以外自然数的倍数和因数的关系。

三、探索求一个数的倍数的方法

1. 教师：在刚才交流的过程中，我们知道 12 是 3 的倍数，18 是 3 的倍数。（板书）那还有哪些数也是 3 的倍数呢？

2. 教师：能写完吗？那怎么办呢？其余用省略号代替。（板书：3 的倍数：3、6、9、12、15……）

3. 引导方法：大家有没有发现在找 3 的倍数的时候，有时候到后面去找，有时候又跳到前面去，那有没有好办法能从小到大的找出 3 的倍数？

交流，总结方法。

4. 练习：用你想到的办法求 2、5 的倍数，完成在练习纸上。

学生汇报答案。再次让学生说说怎么找 2 和 5 的倍数？并说明一般我们写 5 个就可以了，其余用省略号表示。

5. 观察探索：观察 2、3、5 的倍数，你有什么发现？

组织学生同桌讨论，老师参与一组讨论，启发引导并组织交流，教师板书。

最　小　　　最　大　　　个　数

最后要求和同桌完整地说一说一个数的倍数的特征。

四、探索求一个数的因数的方法

1. 自然过渡、渗透方法

引导：我们刚才研究了倍数的问题，根据 3×5=15，你能再来说一说谁是谁的倍数？15 除了是 3 和 5 的倍数以外，它还是谁的倍数？15 是哪些数的倍数啊？（3、5、1、15）反过来 3、5、1、15 就是 15 的……？那么你再来试着找出 36 所有的因数？请写在练习纸上。

2. 放手让学生自主探索求一个数因数的方法。之后收集有代表性的作业，预设这几种答案：

①1，36，2，18，3，12，4，9，6，6（想乘法算式 1×36=36，1 和 36 是 36 的因数；2×18=36，2 和 18 是 36 的因数；3×12=36，3 和 12 是 36 的因数；4×9=36，4 和 9 是 36 的因数；6×6=36，6 是 36 的因数。一对一对地找。）

②36÷1=36，36÷2=18，36÷3=12，36÷4=9，36÷6=6（想除法算式 36÷1=36，36 和 1 都是 36 的因数；36÷2=18，2 和 18 都是 36 的因数；36÷3=12，3 和 12 都是 36 的因数；36÷4=9，4 和 9 都是 36 的因数；36÷6=6，6 是 36 的因数。）

③1，2，3，4，6，9，12，18，36（分别将 36 除以 1，2，3，…，其实

这种方法我们也可以一对一对地找。）

学生交流找的方法。根据学生的回答，适时总结。

总结：刚才几名同学都用了一对一对找的方法写出了 36 的所有因数，我们再来一起有序找一遍。这么一对一对的找最大的好处就是能有序地找出 36 所有的因数，不重复也不遗漏。

3. 练习：请你再找出 16 的所有因数。先独立完成，再交流。（说说你是怎么想的？）

请你再自己任选一个数，找出这个数所有的因数。

4. 观察：看一看这些数的因数，你有什么发现？

学生小组讨论，交流。

五、实践应用，拓展延伸

（一）真假我来辨。（大家先用手势判断，正确的用√，错误的用×，再举手说明理由）

1. 因为 3×7=21，所以 3 是因数，21 是倍数。（　　　）

2. 8 的倍数一定比 8 大。（　　　）

3. 6 既是 2 的倍数，又是 3 的倍数。（　　　）

4. 20 的最大因数是 20。（　　　）

（二）你会在圈里填上合适的数吗？

先独立完成书本 P73"想想做做"第 5 题，再回答交流。

7 的倍数：从省略号我们发现一个数的倍数的个数是……有没有最大倍数啊？40 以内 6 的倍数：我们可以发现一个数的倍数最小的是什么？30 的因数：我们发现一个数最小的因数是什么？最大的因数是什么？

（三）脑筋"转转转"

这节课大家学得非常认真，下面我们来轻松一下，做个游戏，好吗？每个同学手中都以一张标有你学号的卡片，如果你的学号符合老师说的这句话的要求你就迅速地站起来。先举个例子：

（1）你的学号是 10 的倍数，同桌讨论一下，你觉得哪些同学应该站起来？讨论后再请那些同学站起来。

（2）你的学号是 14 的因数。想一想你觉得应该哪些同学站起来？

接下来我们要提高要求了，看谁站得又快又准。

（3）你的学号是 8 的倍数。

（4）你的学号是 8 的因数。（请问学号为 8 的同学为什么两次都站起来了＜机动＞）

（5）你的学号既是 6 的倍数又是 6 的因数。（先分析错的，再说正确的，

〈机动〉）

（6）谁能运用今天所学的知识说一句话让全班同学都起立？（学号是 1 的倍数的同学起立）

宣布下课。

【总评】

本节课主要体现了以下几个突出特点。

1. 操作实践，数形结合，认识因数和倍数。

赵老师引导学生从具体的操作活动中提取出三道乘法算式来，帮助学生联系现实情境和实际经验更好地体会倍数与因数的含义；倍数和因数的定义借助 $4 \times 3 = 12$ 直观地描述，接着让学生举一反三解释其他式子里的倍数与因数关系，充分调动了学生的积极性和主动性。通过这个环节的教学，让学生认识到倍数与因数是一种关系，客观存在于两个具体的自然数之间，它们是相互依存的。

2. 扶放结合，自主探究，找因数和倍数。

在找一个数的因数和倍数时，赵老师根据学生的实际情况，重组教材，先教学找一个数的倍数。这部分内容采用边扶边放的教学策略。通过学生无序地交流、教师有意识地板书，引导学生发现有序思考的方法；之后让学生独立找 2、5 的倍数，并且通过观察、比较得出一个数的倍数的特点。而找一个数的因数是本节课的难点。赵老师采取先渗透的方法，接着让学生自主探究的教学策略。这时，学生各种方法的交流显得尤为重要，通过交流如何找 36 的所有因数，引导学生根据因数的意义和乘除法的互逆关系，一步步有序地找一个数的因数的方法，并从中探索出一个数的因数的特征。而在发现一个数的因数的有关特征时，由于可借鉴一个数的倍数的特征，所以让学生自由发言，做出总结。

3. 实践应用，回顾梳理，体验学习乐趣。

练习的设计不仅围绕教学重点，而且还注意了练习的层次性、实践性、趣味性。在游戏中，融"玩"与知识的回顾、梳理、建构于一体，让学生在玩中盘点、运用知识，使之真切感受到数学源于生活，不仅好玩而且生动有趣，感受到学习成功的喜悦，享受数学，感悟文化魅力。

评析者： 相城区小学数学教研员　董齐珍
相城区教育局教师发展中心

"认识平行线"教学实录与评析

——苏州小学数学课堂教学观摩活动展示课

【教学内容】

苏教版国标本教材第七册第 92 页例 9、第 93 页例 10 和"练一练"，练习十五部分内容。

【教学目标】

1. 使学生联系实际生活的情境和相关直线的位置，认识两条直线的平行关系和平行线，能举出互相平行的例子，判断两条直线的平行关系；能用自己的方法画出互相平行的直线，了解平行线间的距离的特点。

2. 使学生经历从现实空间抽象出平行线的过程，能应用平行线的认识进行简单判断，体会抽象和简单的演绎，进一步积累图形的学习活动基本经验；通过观察、比较、测量等活动，发展空间观念。

3. 使学生主动参与学习活动，体验几何与图形知识和现实世界的联系，产生对图形学习的兴趣。

【教学重点】

认识直线互相平行的位置关系。

【教学难点】

能借助直尺等工具，学会用合适的方法画出一组平行线。

【教学准备】

直尺、三角尺、作业纸。

【教学过程】

一、引入"同一平面内"

1. 谈话：同学们，生活中的很多物体如果用数学的角度去观察和理解，往往会有很多新的发现。大家面前都有一张课桌，把你的手放在课桌的面上摸一摸，你有什么感受？（桌面是平平的。）

教师：你还能在身边找到一个平平的面并摸一摸吗？

教师：刚才我们所摸的面，都是像这样平平的，数学上称为平面。（板书：平面）

出示图片，继续引导。（墙砖、铁轨、补充习题封面、高压线铁架）

教师：老师还收集了一些我们生活中的画面，一起看。我们在墙砖上找到了这样两条直线，就可以说这两条直线在墙面上，能一起来说一说吗？

教师：你能说说后三幅图中的两条直线分别在什么平面内吗？

（2）这两条直线在铁轨的面上；（3）这两条直线在补充习题的封面上；（4）这两条直线在铁架构成的这个平面上。

小结并引导：仔细观察，这四幅图中每两条直线虽然都在同一个平面内，但它们形成的位置可不一样。

2. 今天这节课，我们就要在同一平面内这个前提下，来研究两条直线的位置关系。（板书：同一 两条直线）

【评析】 从学生熟悉的生活实例引入，顺应了学生的认知发展水平。让学生了解，今天所学知识要在同一平面内这个前提下，并且在观察生活实例的过程中，让学生在比画中初步感知"平行"的"样子"。这样的设计，既突出了数学知识的发生、发展的逻辑顺序，又激发了学生探求新知的欲望。

二、平行和相交分类

1. 相交与不相交。

教师：我们从不同平面上找到了这 4 组直线，今天我们重点是来研究它们的位置关系，所以我们把背景图片可以去掉，仔细观察，根据每组两条直线的位置关系，你能把它们分分类吗？（同桌讨论）

明确（1）（4）为一类，称为相交，而（2）（3）这一类就是不相交。（板书：相交 不相交）

教师：今天这节课我们重点研究同一平面内两条直线不相交的这种情况。

2. 认识平行。

教师：（2）这两条直线是不相交的，如果将它们延长呢，会相交吗？再往下延长会相交吗？请同学们想象一下，如果一直延长下去，它们会相交吗？

（课件 3 次感受延长不相交）

小结：想想为什么呢？在这两条直线间放入一个长方形，我们再来仔细观察，这两条直线之间永远都隔着这么宽，即使再往后延长，这两条直线还是不会相交的。

教师：如果将（3）的这两条直线延长，想象一下，会相交吗？为什么呢？

（课件 2 次感受延长不相交）

引出概念：像这样，同一平面内不相交的两条直线，是互相平行的。（板书：互相平行）

教师：如果将这两条直线分别用字母 a、b 来命名，我们就可以怎么说？直线 a 和直线 b 是互相平行的。也可以说直线 a 是直线 b 的平行线，还可以怎么说？（直线 b 是直线 a 的平行线）。

教师：如果这两条直线分别为直线 c、直线 d，你能说说它们的关系吗？

揭题：通过刚才的探索，我们一起认识了平行线。（板书：认识平行线）

3．判断是否是平行线。

教师：我们发现同一平面内两条直线不相交，它们就是互相平行的。下面就请同学们利用所学知识，判断下面哪组直线是互相平行的？

学生整体判断，逐个讲解。图（5）判断异面直线是否平行。

教师：这个正方体上也有这样两条直线，它们互相平行吗？

模型出示，辅助教学。

教师：这条直线在正方体的上面，这条直线在正方体的前面，如果将它们延长，会相交吗？尽管它们不相交，但是它们不平行，想想这是为什么呀？（它们不在同一平面内。）

教师：非常好，我们今天研究的两条直线是在同一个平面内的情况。

【评析】　"认识平行"是一节比较抽象的概念课。要想让学生深刻认识"平行"这一位置关系，必须借助直观形象，化抽象为具体，不断丰富学生对平行线特征的感知。因此，在讲述"相交"概念之后，通过对比，进一步体验两条直线互相平行的含义，以丰富学生对平行线的体验。

三、生活中的平行线

教师：通过探索，我们不仅认识了平行线，还能利用所学知识去判断同一平面内两条直线的位置关系。其实在生活中，平行线随处可见。你能说出一些互相平行的例子吗？

教师：这些物体的边线中又有哪些是互相平行的呢？（学生指一指，说一说）

教师：五线谱中有 5 条直线，如果用字母 a、b、c、d、e 来表示五线谱中的 5 条直线，你能找到互相平行的直线吗？

学生说一说。

教师：直线 a 和 c 互相平行吗？b 和 e 呢？你发现了什么？

教师：5 条直线中任意两条直线都是互相平行的吗？

四、图形中找平行线段

教师：我们不仅能在生活中找到互相平行的直线，在我们认识的平面图形中也可以找到互相平行的线段。（课件出示）

学生找一找，说一说，在六边形上指一指边线，说一说。（引导学生突出相互关系，如：长方形中有 4 条边，有 2 组互相平行的线段，上下 2 条边互相平行，左右 2 条边互相平行。）

【评析】 让学生在图形和生活实例中找到互相平行的直线，特别是通过找到正方体中同一平面内的对边互相平行、不在同一平面内的两条直线尽管不相交，也不是平行线，有助于学生把握平行的本质特征，巩固新知，拓展思维。

五、画平行线

1.教师：利用所学知识，我们很快就能找出平行线，那如果现在让你在方格图中去画出平行线，你会吗？下面就请同学们在方格纸中任意画两组平行线。完成作业纸第 2 题。

学生画一画，说一说，课件展示过程。

教师：将直尺与格子线对齐，沿直尺画出一条直线，将直尺往下移动一格，对齐格子线，沿直尺画出一条直线，就可以得到一组平行线。有不一样的吗？为什么这样画，也是互相平行的？（都隔着 2 格）

教师：这样竖着画可以吗？

2.教师：如果没有方格纸，你还会画这样的平行线吗？完成作业纸第 3 题。

学生画一画，说一说，媒体展示过程。

教师：你们都认为这样画就一定是互相平行的吗？（都隔着直尺的宽度）

3.教师：如果在纸上给你一条直线，你还能画出它的平行线吗？完成作业纸第 4 题。

学生画一画，说一说，展示过程。我在这儿画，可以吗？这 3 条直线中的任意两条都是互相平行的。

【评析】学会画平行线是本节课的另一个重点内容。教学时鼓励他们在原认知水平上，借助画平行线的物体或工具，采用多种形式画平行线，自助体验操作过程。学生从任意画一组平行线到画已知直线的平行线，从画平行方向的平行线到画任意方向的平行线，举一反三，反复操作，不断形成技能。

六、平行线之间的垂直线段

教师：同学们都会利用直尺去画平行线，那么你会画垂直线段吗？对，这是我们前一课时学习的内容，可以利用什么去画？（课件演示）

教师：下面就请同学们在这两条平行线之间画几条与平行线垂直的线段。请同学们将垂直线段画在作业纸第 3 题第（1）张图的任意两条平行线之间。

学生画一画。

教师：你画了几条？如果再给你一点时间，你还能画吗？平行线之间的垂直线段画得完吗？（平行线之间这样的垂直线段有无数条。）

教师：你所画的这些平行线段有多长，请你量一量。

教师：你画的垂直线段是多长的？每条都是这样长吗？完整说一说。

学生说一说。（所画的两条平行线之间的垂直线段都是   厘米）

教师：你发现了什么？（两条平行线之间的垂直线段的长度是相等的）

教师：想想这条垂直线段就是什么呀？（这两条平行线之间的距离）

引导发现：两条平行线之间的距离处处相等。

教师：所以这两条直线会相交吗？为什么呢？

七、全课总结

同学们，今天我们主要研究了同一平面内两条直线的位置关系，是怎样的位置关系？怎样就是互相平行的？其实平行线中还有很多的奥秘，我们在今后的课堂中将继续研究。

【评析】"学贵有疑，小疑则小进，大疑则大进。"课末的总结设疑，学生必然带着强烈的解决问题的愿望深入观察思考，使知识得以进一步拓展，能力得到进一步提升，体验得到进一步延伸，习惯得到进一步培养。

【板书设计】

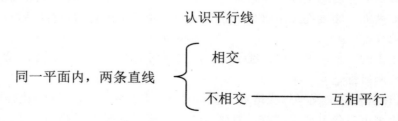

认识平行线

同一平面内，两条直线 { 相交

不相交 ——— 互相平行

【总评】

赵老师对本课的设计目标明确，层次清晰，学习重点难点随着师生的共同探讨逐步突破，可以说层层深入，水到渠成。主要有以下特色：

1. 突出"同一平面"：平行是几何学名词，小学关于平行的基本要求就是让学生认识平行以及会画平行线。但是两条平行线必须是在同一平面上，而小学里对于"平面""相交"等概念，是不定义的"原始概念"，最多做一点直观的描述，教材中定义为"同一平面内，不相交的两条直线互相平行"。这样的定义，使"同一平面"成了学生理解上的难点。赵老师在课始就举了很多生活中的例子，突出这些线都在"同一平面"内这个关键点，在初步认识平行之后又巧妙地把这个问题放到判断题中，让学生通过观察，并借助正方体的操作、多媒体演示等，得出了"不同平面"和"同一平面"的区别，从而突破了难点。设计和处理有创新，是本节课的亮点之一。

2. 理解"不相交"：赵老师让学生从多张生活场景图中抽象出在同一平面内不同位置关系的两条直线，并组织学生来分类辨析，突出两条直线相交与不相交的区别，但是对于部分看上去不相交实则相交的两条直线，学生的判断是模棱两可的，赵老师没有直接给出答案，而是引导学生进行观察、想象，还组织学生进行辩论，在此基础上借助多媒体的演示，使学生理解了"看上去不相交的两根直线，两端无限延伸的话是相交的"。另外媒体还演示"两条直线无限延长，永不相交"，从具体图形中抓住了在同一平面内的两条直线永不相交的特征，让学生理解"不相交的两条直线互相平行"，这一难点被有效突破了。

3. 应用中提高：学习数学知识不是目的，重要的是运用这些数学知识解决生活中的实践问题，从中体会到数学在生活中的价值，获得学习数学的兴趣和信心。在应用环节中赵老师让学生找生活中的平行线，体会平行线在生活中的作用。学生从身边的实物形状，如黑板、课桌、课本……的两条对边到运动场上的直跑道、电线杆……验证了平行的意义。当老师出示一些平面图形要求学生指出上面有几组平行线段时，对于学生来说更是一种挑战，也进一步深化了平行的意义。

整节课，老师创设的学习气氛是宽松和谐的，注重了数学与实际相结合，让学生看得见摸得着；注重了自主探索和接受学习相结合的教学方法，留给学生足够的时间思考、交流、发言；还注重了课堂教学的合理评价，体现了知识与情感的相辅相成。

评析者： 苏州市名教师　苏伟
苏州市相城区元和小学

"数学广角——集合"教学实录与评析

——苏州市优秀青年骨干教师高研班课堂教学展示活动公开教学

【教学内容】

人教版《义务教育教科书数学》三年级上册第104页"数学广角"例1。

【教学目标】

1. 让学生亲历集合思想方法的形成过程，初步理解集合知识的意义。让学生借助直观图理解集合图中每一部分的含义，通过语言的描述和计算的方法，能解决简单的重复问题。

2. 通过猜测、观察、操作、实验、交流等活动，让学生在合作学习中感知集合图形成过程，体会集合图的优点，能直观看出重复部分，解决生活中的问题。

3. 体验个体与小组合作探究相结合的学习过程，养成勤动脑、乐思考、巧运用的学习习惯，同时在这个过程中感受数学与生活的密切联系，体会数学的价值。

【教学重点】

了解集合图的产生过程，利用集合的思想方法解决有重复部分的问题。

【教学难点】

理解集合图的意义，会解决简单重复问题。

【教学过程】：

课前谈话：2个爸爸2个儿子一起去看电影，而他们只买了3张电影票，便顺利进入了电影院，这是为什么呢？

一、创设情境，形成冲突

1. 出示一组图片(实物图)，你认为哪几种东西是一类的呢？是一类的把它放在篮子里。如果把篮子换掉，我们可以用什么方法来表示它们是一类的呢？引导用集合圈表示。

再出示另一组图片，问：哪些是一类的呢？

引导学生先将字母和数字分开，再把它们圈起来。

【评析】分类是生活、工作中常见的现象。而分一分又是中低年级学生最喜欢的活动。赵老师从学生最常见的分一分情境中导入新课，可谓独具匠心。然而"分"不是本节课的目标，于是赵老师又通过把篮子抽象成一个集合圈，非常自然地、顺理成章地把生活原型抽象成了数学知识，为接下来的维恩图建模提供了雏形。

2. 今天赵老师和我们三（3）班的同学来上数学课，其实我还有一个非常重要的任务，知道是什么吗？我是来颁奖的，昨天，某老师告诉我，经过前一段时间的学习，他在我们班上评选出了阅读之星和数学之星。想知道他们是谁吗？课件出示名单。

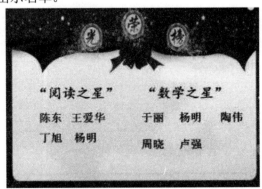

继续引导：你发现阅读之星有几人？数学之星有几人？老师准备要奖励他们一下，那么需要多少份奖品呢？说说你的算法。（板书：5+4=9）

【评析】数学源于生活，生活中处处有数学。从生活常见现象导入，把学习生活中的颁奖活动用于课堂，使学生感悟到生活与数学密切相关，激发学生的学习兴趣及求知欲，且更有利于学生对新知的感悟和理解，体现了教学内容的生活化，增加了教学的实效性，既贴近学生，又为教学服务。

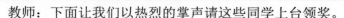

教师：下面让我们以热烈的掌声请这些同学上台领奖。

请同学们都站好了，老师下面要发奖品了，我们一起来数数 1，2，3，4，5…。

冲突：咦，怎么会多一份奖品呢？老师准备了 9 份奖品，有谁没有上来领奖吗？

组织学生交流想法。适时总结出"重复"。

追问：这份奖品老师应该给谁啊？（杨明）哦，这样杨明拿了两份奖品。

【评析】在突破对重叠部分的理解时，赵老师先让学生从他们已有的知识出发直接计算出获奖人数，然后以颁奖形式让学生发现其中存在的问题，引起学生思维的碰撞。学生在他们认为简单、正确的结果与现实产生矛盾时，求知欲进一步提升，展开积极思维，在这样的互动过程中使学生初步感知"重复""重叠"。

二、探究集合，自主构建

1．体会集合圈

教师：老师大概听明白了怎么回事，为了看起来清楚一些，请"阅读之星"站在讲台的左边集合，"数学之星"站在讲台的右边集合。

设疑：杨明是"阅读之星"吗？那可以站在左边。那么他是"数学之星"吗？这样应该站在右边。

在学生左右站的过程中，出现杨明两边跑的情况。

教师问：为什么杨明一会站在左边，一会站到右边呢？

教师：你有什么办法让杨明不用这样跑来跑去的呢？（站在中间）为什么让他站在中间呢？（板书：既……又……）

教师说明：杨明既可以属于"阅读之星"这类，又可以属于"数学之星"这一类。

【评析】为了解决计算结果和实际颁奖过程中的矛盾，赵老师通过学生喜闻乐见的表演形式——站一站的小活动，让学生非常直观地发现"杨明"同学，既是……又是……的双重身份，引导和帮助学生实现"再发现"，再次感知"重复""重叠"。

2．用图形符号表示集合圈

教师：请获奖的同学根据现在站的位置，把你们的名字贴在黑板的相应地方。同时贴上"数学之星"和"阅读之星"。

```
A              E
    B      D      F
    C              G
                   H
```

教师：从黑板上来看，老师觉得看不出杨明既是"阅读之星"，又是"数学之星"，你有什么办法可以让我们一眼看出杨明既是"阅读之星"，又是"数学之星"呢？

请同学们先独立思考，想一想，再轻声地和同桌说一说。

组织学生交流。

预设方法 1：用一个箭头来表示。

方法 2：再贴一个"杨明"。

方法 3：圈起来。

同学们想了很多的办法，真不错，刚才我听到有个同学说了圈一圈的方法，让我们一起来试试吧。

引导：哪些同学是"阅读之星"的，我们放在同一个圈里，用第二个圈表示"数学之星"，是这样圈吗？我们来看看"数学之星"，你觉得怎么样？（缺一个）那我把"杨明"拿到这个圈里。（也不对）那怎么办呢？

让学生动手到黑板上来移动圈。

大家看：现在这两个圈怎么样了？（交叉、重合了）这个重合的部分表示什么？（可在此引导"重复"并板书）

小结：我们三（3）班的同学真聪明，想到了这么好的方法，利用了两个圈很清楚的表示出了它们之间的关系，这样的圈我们把它叫作集合圈。今天这节课老师就要和大家一起来学习的就是像这样数学中的集合问题。（板书课题：集合）

我们再来看看这张图，这个部分表示什么？（分别出示 5 种情况）

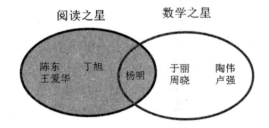

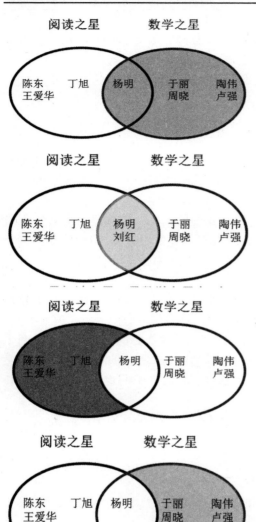

【评析】从直观到抽象经历了一个具体细微、不断调整完善的过程，赵老师通过学生自主探究和合作交流的形式，实现了从方法的多样化到优化的过程，将"重复""重叠"的感性认识上升为对集合思想的理性认识。在转化过程中，赵老师始终以学生为主体，使学生感受到知识的渊源和"维恩图"的形成。

3.抽象计算方法

老师把这些同学的名字用三角形表示，你能看懂这张图吗？我们一起来说一说……那么一共有多少人获奖呢？你能列出一个合理的算式吗？

让学生在练习纸上列式计算。

预设：（1）3+1+4=8（2）4+5-1=8

重点引导：为什么要减去 1 呢？

让学生充分说明理由。

小结：你们真会思考。刚才我们用画集合圈的方法研究了生活中的重复的问题。

【评析】从直观图上学生基本能理解到计算时出现的错误在于重复计算了"杨明"，但赵老师为了进一步强调由于重复存在而引起的错误，让学生观察直观图进行不同方法的计算，使学生真正理解"重复"。

三、内化应用，强化集合

1. 三（2）班也在进行"阅读之星"和"数学之星"的评选，这是他们班获奖学生名单，名单是用学号表示的，"阅读之星"有……，"数学之星"有……

课件出示：三（2）班有 6 名同学获得"阅读之星"称号，5 名同学获得"数学之星"称号。

| 阅读之星 | 9 | 13 | 17 | 18 | 25 | 29 |
| 数学之星 | 17 | 25 | 28 | 30 | 31 | |

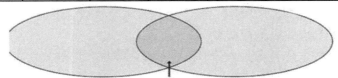

请大家仔细读表，你发现了什么？（引导发现哪几个人是重复的）那说明 17 号和 25 号两名同学是什么情况？

下面就请你填写这张集合图。

组织学生交流：先填什么？填在这里表示什么？再填什么？

小结：这个方法真不错，我们先填写的是中间的重复的部分。

我们继续来看这张图，引导"阅读之星"有……，"数学之星"有……，其中有两人……你能计算出一共有多少人获奖吗？（6+7-2=11 人）

怎么列式？为什么要减去 2 呢？

2. 那如果现在有 3 名同学同时获得了两个奖项，出示题目，播放录音。

出示：三（2）班 6 名同学获得"阅读之星"称号，5 名同学获得"数学之星"称号，其中有 3 名同学既是"阅读之星"，又是"数学之星"，那获奖的一共有多少人？

（1）出示图，师问："其中有 3 名同学既是"阅读之星"，又是"数学之星"，我在图中怎么表示呢？说明：我们用 △ 表示一名学生。

请你自己填完这张集合图并列式计算。

交流：左边部分你是怎么填的？（引导 6-3=3,）右边部分是怎么填的？（5-3=2）要求一共有多少人获奖？怎么列式呢？为什么要减去 3？

（2）出示两集合图和两道算式引导比较："阅读之星"都是 6 人，"数学之星"都是 5 人，那么获奖的人怎么这里会是 9 人，这里 8 人呢？

（3）小结：因为重复的人数在变化，所以获奖的人数也发生了变化。那么你想想获奖的人数还可能是几人呢？

请大家想一想，在作业纸上画一画，和同桌说一说。

让学生充分交流。展示学生的作业。

课件动态变化并引导：我们已经发现了这么几种情况，我们再来看一遍，既是"阅读之星"又是"数学之星"的人数可能是 1 个、2 个、3 个、4 个，还可能有什么情况呢？

出示图后：你可以说说它表示什么意思吗？（6+5-5=6 人）

引导：那么重复的部分可能是 6 人吗？

出示 6+5=11 这种情况问：有没有这种可能呢？这种情况说明什么？一共有多少人获奖？

（4）引导发现："阅读之星"都是 6 人，"数学之星"都是 5 人，那么获奖最多是几人？最少有几人？

问：为什么会有这么多种情况呢？（因为重复的部分在不断变化，所以出现了这么多种不同的情况。）

同学们想到了 6 种情况，它们是怎样的一个变化的过程呢？我们来看屏幕，你有没有发现：重复的人数越来越多，领奖的人就越来越少……

【评析】数学知识来源于生活，通过数学的形式抽象成为方法，其最终目的还是解决生活中的实际问题，也就是从生活中来，再回到生活中去。赵老师的内化应用没有通过解决大量相关的题目，来巩固计算的方法，使学生死记计算。而是将例题进行了变式，即通过变化的重复人数。赵老师的用意则是让学生理解重复，理解维恩图，这是本课教学的重点，也是难点。只有学生理解了重复人数，正确画出维恩图，计算就不是问题。

四、学以致用，拓展延伸

通过刚才的学习，我们认识了集合圈，还发现在解决这样的数学问题时集合圈帮了很大的忙。

那么你知道这样的集合图是由谁发明的吗？（英国数学家维恩）

课件出示：在数学中，经常用平面上封闭曲线的内部代表集合，以及表示集合之间的关系。这种图称为维恩图（也叫文氏图），是由英国数学家维恩发明创造的，维恩图常用来研究表示数学中的"集合问题"，也叫集合图。

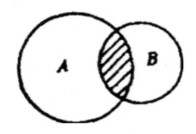

同学们发现集合图能很清晰地表示出各部分之间的关系，所以学会怎么来看集合图是非常重要的。

这次其实班里还评选了"才艺之星"，我们来看看。这张图中重叠的部分更多了，你们能看懂这张图吗？讨论重叠的部分？

我们来看图：

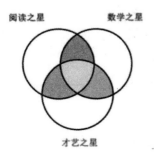

五、回顾反思，总结全课

我们一起来回忆一下，今天我们学习了什么？我们认识了用集合图来解决有重复现象的数学问题。今后我们可以利用集合的知识来解决更多的数学问题，希望同学们能多观察、勤思考，探寻更多的数学奥秘。

【板书设计】

集　合

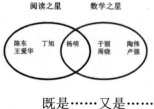

阅读之星　　数学之星

陈东　丁旭　杨明　于丽　陶伟
王爱华　　　　周晓　卢强

6+5=11

既是……又是……　　　　　6+5-1=10

重　复　　　　　　　　　　……

【总评】

　　综观整个教学过程，赵老师采用"算一算""站一站""画一画"等多种形式的活动，让学生体会和感知重复、重叠这一概念的意义。以"杨明"同学因为获得两项奖励而不知道应该站到哪里为矛盾的起源，让学生产生思维的火花，通过个人探究、小组讨论、师生交流，逐渐加深对重叠部分的理解，然后通过学生多种感官参与学习去解决，为学生提供了独立思考、处理问题的空间。结合多媒体演示，让学生对维恩图有了更深刻的理解。

　　在大谈核心素养的今天，大家都明白，核心素养的培养是在潜移默化中进行的，而核心素养的价值、功能就是为学生发展奠定基础。赵老师正是抓住了其特性，在教学中以生活现象为研究对象，以个人探究、合作交流为研究方式，在尝试与交流中学会探究，逐步掌握学习的方法，把集合知识寓于游戏中，把培养终身发展理念寓于探究与交流中，把数学核心素养真正落实到课堂中。

评析者：　苏州市名教师　龚雪生
苏州市相城区渭塘实验小学

第四篇

教海串珠

亲近数据，让数据在分析中趣味横生

——谈小学生数据分析观念的培养策略

摘　要： 在义务教育阶段，学生学习统计与概率的核心目标是发展数据分析观念。数据分析观念是一种需要在亲身经历的过程中培养出来的对数据的某种"领悟"，反映的是由一组数据所引发的想法、所推测到的可能结果、自觉地想到运用统计的方法去解决有关的实际问题等。因此，培养学生正确的数据分析观念是当前小学数学教学的一个重点，培养学生的数据分析观念主要从四个方面着手：第一、创设情境，感受需求；第二、亲历过程，积累经验；第三、体验方法，灵活选择；　第四、及时反思，培养习惯。

关键词： 感受需求　亲历过程　体验方法　及时反思

关于"统计学"的概念，在《大不列颠百科全书》中这样定义："统计学是关于收集和分析数据的科学和艺术。"统计学是围绕数据分析而建立的，数据分析是统计学的核心。而《数学课程标准(2011 版)》把"统计观念"改为"数据分析观念"，也更加突出了数据分析的核心地位。

我们的教学就是要让学生亲近数据,愿意去分析数据、提取信息,遇到问题时学会收集数据来帮助解决问题。要使学生逐步形成数据分析的观念,就要让学生在情境中感受统计的需求,让学生经历收集数据、整理数据和分析数据的全过程,在不同的背景下灵活选择方法,并养成及时进行反思的好习惯。

第一，创设情境，感受需求

关于数据分析的教学内容分布在小学的各个学段中，无论在哪个学段，我们都要关注到学生的学习心理和认知水平，其中情境的创设、素材的选择是吸引学生积极参与、启发学生开展数据分析活动的关键。因此我们创设的情境、选择的素材不仅要有趣味性、要有悬念，更要有数学味，要让学生感受到进行数据分析的需求，引发对数学问题的思考，逐步培养数据分析的意识。

【片段一】（苏教版三年级下册"数据的收集和整理（二）"）

教师：同学们，你们喜欢去游乐园玩吗？

学生：喜欢。

教师：学校今年的秋游活动就准备安排去游乐园。请看，游乐园发布了这样一则公告。

如果这个月去，我们班有哪些小朋友可以免费啊？下个月呢？……

学生七嘴八舌地报自己的生日。

教师：怎样才能知道我们班哪个月去最省钱呢？

学生：要知道哪个月出生的人数最多，那么免费的人就最多。

教师：你能想到这一点，真厉害。那你现在马上能确定哪个月去吗？

学生：不能确定。

教师：有什么办法才可以知道呢？

学生：我们先要统计哪个月生日的人数最多。

……

通过创设去游乐园免费游玩的情境来激发学生想到可以通过数据统计知道"我们班哪个月去最省钱？"学生在情境中产生了统计的需求，带着愉快的心情自主投入了学习。所以，在引导学生展开统计活动时，情境的创设、素材的选择十分重要。美国心理治疗学家威廉·格拉瑟在他的现实治疗法中创建了一个新的教育理论——选择理论，人的所有的行为都是为了以最好的方式来满足根植于自身基因结构的基本需求，所有的动机都源自内心。因此在进行数据分析时，要选择与学生生活接近，需要用数据说话的一些问题，这样才能激起学生参与统计活动的积极性，使他们从情境中发现一些需要借助数据回答的问题，认识到对有些问题的解决需要通过数据来作出判断，从而体会数据分析对于解决实际问题的重要性。

第二，亲历过程，积累经验

《数学课程标准(2011 年版)》中，第一学段目标中指出"经历简单的数据收集、整理和分析的过程""能对调查过程中获得的简单数据进行归类，体验数据中蕴涵着的信息"。第二学段目标指出"经历数据的收集、整理和分析的过程，掌握一些简单的数据处理技能""进一步认识到数据中蕴涵着信息，发展数据分析观念"。从这些目标中可以看出，数据分析观念的培养离不开活动的过程。数据分析观念从本质上来讲是对数据收集、整理、描述和分析判断的理解。这种理解是学生在活动过程中逐步形成和发展起来的。在教学中，教师要引导学生亲身参与到具体的活动中亲自体验，积累经验。

【片段二】（苏教版三年级下册"数据的收集和整理（二）"）

1. 小组收集数据

教师：近年来空气污染严重，大家提倡绿色出行，现在老师想了解一下，你今天选择了哪种出行方式？

学生交流。

教师：如果老师还想知道今天哪种出行方式的人数最多，哪种出行方式的人数最少，你有什么好办法吗？全班那么多的同学我们怎么才能很快地收集到数据呢？

学生：我们可以分小组先进行统计。

出示表格：

出行方式	步行	自行车	电瓶车	公交车	私家车	地铁
人数						

分组活动后，各小组反馈统计的数据。

第一小组

出行方式	步行	自行车	电瓶车	公交车	私家车	地铁
人数	4	0	2	2	2	1

第二小组

出行方式	步行	自行车	电瓶车	公交车	私家车	地铁
人数	3	0	1	1	5	2

第三小组

出行方式	步行	自行车	电瓶车	公交车	私家车	地铁
人数	2	0	3	0	6	0

第四小组

出行方式	步行	自行车	电瓶车	公交车	私家车	地铁
人数	1	0	2	4	4	1

教师：你们组哪种出行方式人数最多？那种最少？

教师：仔细观察全班 4 个小组得到的数据，你发现了什么？

生：调查的对象不同，调查结果不一定相同。

2．分类汇总数据

教师：刚才我们收集了 4 个小组出行方式的数据，你能很快说出我们全班同学今天选择哪种出行方式人数最多？哪种最少？

学生：不能，因为我们还没有全班同学出行方式的汇总数据。

教师：那你认为我们接下来该怎么做？

学生：可以按出行方式把各小组的人数分别相加。

教师：对，这是一种很好的统计方法，叫做数据的分类汇总。

师生共同汇总。

3．观察分析数据

教师：现在你能根据这些数据回答前面提出的问题吗？

学生回答。

教师：看来收集、汇总后的数据更加有利于我们进行数据分析。

4.拓展延伸思考

教师：如果我们要调查其他班级的出行方式，结果一定会和我们班一样吗？

学生：不一定。

教师：如果要调查全校学生的出行方式，你觉得可以怎么做呢？

学生：可以先在各班调查，再按照年级进行汇总，最后把各年级的数据再次汇总。

数据分析观念需要让学生在经历数据的收集、整理、描述和分析的活动过程中逐步培养。在上述的教学中，整个活动按照"小组收集数据—分类汇总数据—观察分析数据—拓展延伸思考"的步骤进行，让学生完整且有条理地经历数据分析的过程。因此，在日常的教学中，教师应该更多地提供学生积极参与数据分析的全过程的机会，促进学生数据分析观念的形成和发展。

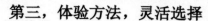

第三，体验方法，灵活选择

了解现实生活中许多问题应先做调查研究,收集数据,通过分析做出判断,体会数据中蕴含的信息;了解对于同样的数据可以有多种分析方法,需要根据问题背景选择合适的方法。学生数据分析的方法包括收集和处理数据的方法,前者指数据的调查、获取,后者指数据的整理、描述与分析。基于此,《数学课程标准(2011 年版)》在第一学段提出"了解调查、测量等收集数据的简单方法";在第二学段提出"会根据实际问题设计简单的调查表,能选择适当的方法(如调查、试验、测量)收集数据""能从报纸杂志、电视等媒体中,有意识地获得一些数据信息"的要求。因此,教学中应鼓励学生根据具体问题灵活选择合适的收集和处理数据的方法。

【片段三】（苏教版二年级下册"数据的收集和整理（一）"）

教师：同学们，学校上周邀请了口腔医院的医生为大家检查了蛀牙。想知道我们班检查下来的情况如何吗？我们可以在小组内调查一下。怎么调查呢？下面我们分组讨论。

小组活动，研究调查方案。

学生 1：我们可以让大家举手示意。

学生 2：可以将自己的蛀牙情况写下来交给组长，然后组长读一张，我们记一个。

学生 3：我们准备直接按顺序说自己的蛀牙情况，其他同学边听边记录。

……

教师：同学们真了不起，想到了这么多的好方法。今天我们尝试用"说一个记一个"的方法来调查各组同学的蛀牙情况，好吗？

学生小组活动，教师巡视指导。

交流作业：

学生 1：我记录每人的姓名和蛀牙的颗数，有点来不及。

学生 2：我认为这样简单点，用一个字代替名字来记录。

学生 3：我没有记名字，直接按顺序记录每人的蛀牙颗数。

学生 4：我是按蛀牙的不同情况，画"钩"记录人数。

学生 5：我通过画"正"字记录人数的。

我的记录情况：

王士朋多 1颗　王恬欣 2颗
张千缘 0颗　王含韵 0颗
陶慈 3颗　张 3果页

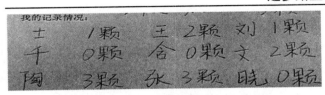

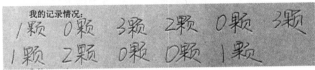

教师：同学们真爱动脑筋，想到了用不同的方法记录数据。比较一下，你喜欢哪种方式？

学生：我觉得用画"正"字的方法好，5 个 5 个地数，根据 5 的乘法口诀很容易得出结果，比较方便。

……

教师：大家说的都挺有道理的，通过比较发现，用画"正"字的方法分类记录数据更便捷。

教师：请同学们观察这些记录结果，能从记录的数据中一下子看出蛀牙情况吗？

学生：不能一下子全部看出来，要一项一项数。

教师：要更清楚地反映同学们的蛀牙情况，可以怎么办呢？

学生：可以把记录的结果分类整理。

教师：主意不错，那怎么分类整理呢？

学生：我想按蛀牙的颗数进行整理，比如按 0 颗、1 颗、2 颗、3 颗……这样分类。

学生：我还想按有蛀牙和没蛀牙这两类进行整理。

教师：同学们按照不同标准，想到了两种分类整理的方法。现在请大家动手分一分，填一填。

0颗	1颗	2颗	2颗以上
（　）人	（　）人	（　）人	（　）人

没有蛀牙	有蛀牙
（　）人	（　）人

由此看来，数据分析的方法是灵活多样的。在以上片断中，教师引导学生确定了"了解小组同学的蛀牙情况"可以通过哪些调查的方式收集数据，之后可以通过哪些方式来记录数据。这些环节主要侧重数据的调查、获取方法的多样化。在数据的处理中，教师一方面允许学生个性化表达，另一方面注意引导学生用数据记录单表示数据，为学生能够以多样的方式描述数据提供支持。这个环节主要侧重在数据的整理、描述与分析。

第四，及时反思，培养习惯

有人就反思和元认知之间的关系提出："元认知理论实际上就是为我们提供了'一个有效的系统反思机制'。"有人更直接地提出："反思就是元认知。"从这些研究我们可以看出，反思与元认知之间有着密切的联系。因此，及时反思有助于数据分析元认知能力的形成。为了让学生在数据分析活动中能对自己的分析过程实行有效的监控调节，在数据分析的教学中，教师需要有意识地加强对数据分析的反思。从反思的内容来看，可以是数据分析的整个过程，也可以是数据分析过程中具体方法的选择，既包含对数据分析过程的反思，也包括对数据分析结果的反思。

【片段四】（苏教版五年级下册"折线统计图"）

教师：最近的气温变化很大，同学们在课前收集了A、B两地最近几天的气温情况，并将收集到的数据绘制成了折线统计图。下面我们来看一下同学们绘制的A、B两地近5天天气情况统计图。

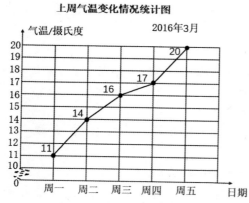

教师：仔细观察两幅图，谈谈你发现了什么信息？

学生 1：我发现 A、B 两地近 5 日的气温都是逐步上升的。

学生 2：我发现第一张图中的气温上升得快，第二张图的气温上升得慢。

……

教师：同学们发现了不少信息，你觉得他们发现的信息都正确吗？

学生 1：我同意他们的结论。

学生 2：我觉得第一名同学说是正确的。

学生 3：我不同意第二个同学的说法，我觉得第一张图和第二张图中气温的上升速度是一样的。

教师：看来大家对第二名同学所提供的信息有不同意见了，有人说第一张图的气温上升得快，有的同学说上升得一样快，那到底谁说得对呢？

学生：我觉得是一样的。

教师：请你说明理由。

学生：因为两幅图中从周一到周五的数据都是一样的。

教师：你们同意他的说法吗？

学生（齐）：同意。

教师：那为什么两幅图的折线看上去不一样呢？

学生：因为第一张图竖轴中的每一格表示 1℃，第二张图竖轴中的每一格表示 2℃。

教师：请同学们仔细看图，这两幅图看上去不相同，是因为在绘制时两幅图竖轴上每个单位表示的数量不同，但实际上它们描述的数据是一致的。

学生（齐）：是的。

教师：还能发现其他的信息吗？

学生：我发现周二到周三和周四到周五的上升幅度最大，都是 3℃。其他日期都增加了 1℃-2℃。

学生：是的，我也发现了。

教师：哪名同学能用图上的数据来归纳一下发现了哪些信息？

学生：……

以上的教学片段，主要是对数据结论的反思，当学生得出第一张图比第二张图的气温上升得快时，引导学生比较两幅图中所描述的数据，从而得出两幅图气温上升情况是一样的。并且，引导学生反思两幅图为什么看上去有所不同。安排这样的教学环节，不仅让学生掌握了如何比较不同的统计图的方法，同时促进了他们养成及时反思的习惯，从而获得更准确、更全面的信息。其实在培养学生数据分析观念的过程中，都渗透着及时反思的学习习惯的培养。例如以上片段（二）中引导学生认识统计过程中数据分类汇总的必要性就是一个反思的过程，片段（三）中比较、优化记录和整理数据的方法也是一个反思的过程。其实，反思性教学的实质就是通过教学主体对自己的实践进行合理的反思，以达到一定的目标。《论语·述而》有云："举一隅不以三隅反，则不复也。"对于学生的及时反思习惯的培养，有助于学生举一反三，在学习的过程中强化数据分析的理念、方法、措施，从而有效地指导学生在实际生活中进行理解、掌握、运用，达到学以致用的目的。

总之，在统计与概率的教学中，教师要创设一定的情境，让学生亲自体验分析数据的过程，积累经验，掌握灵活有效的数据分析的方法，并在学习的过程中及时反思。这样才能真正做到让学生亲近数据，学会用数据分析观念来看世界，来分析问题、解决问题，让数据分析观念在小学生的心田落地生根。

参考书目：

1. 王尚志. 数据分析观念[J]. 小学数学教育，2012 第 7、8 期.

2. [美]威廉·格拉瑟. 了解你的学生：选择理论下的师生双赢[M]. 杨诚，译，首都师范大学出版社. 2011.01.

3. 义务教育课程标准（2011 版）[M]. 北京师范大学出版社，2012.

4. 吴正宪等. 小学数学教学基本概念解读[M]. 教育科学出版社，2014.9.

5. 王萍萍. 浅析反思性教学和元认知教学[J]. 基础教育研究，2013（6）：25-26.

此文为苏州市小学数学骨干教师"指向核心素养的小学数学教学——学生数据分析观念培养"专题培训活动上作讲座的内容。

"问题意识"培养的实践与思考

摘　要：　问题是科学研究的出发点，是开启任何一扇科学大门的金钥匙。可以说没有问题意识就没有创造。小学生求知欲旺盛，我们要充分利用儿童的这一心理特点，从小培养他们的问题意识。因此在教学中我们要培养学生的问题需求，使学生"能"问；解除心理顾虑，使学生"敢"问；传授质疑方法，使学生"会"问。

关键词：　问题　问题意识

问题是科学研究的出发点，是开启任何一扇科学大门的金钥匙。没有问题就难以诱发和激起求知欲；没有问题，就感觉不到问题的存在，学生也就不会深入思考，创新潜能就得不到发挥。陶行知先生在他的诗中写道："发明千千万，起点是一问。"当年陶行知先生关于培养学生问题意识的论述，对于今天的新课程改革仍然有着很好的指导意义。

所谓问题意识就是指学生具有积极思考，敢于发现问题、提出问题、阐述问题等自觉的心理活动。它是学生创造力的一个重要组成部分。数学问题意识是基于问题意识概念的基础上提出的，是一种思维的问题性心理品质。它是指教师把学生引入情境所隐含的"数学问题"中，使学生感觉到现有条件和目标实现之间需要解决的矛盾、疑难等而产生的一种怀疑、困惑、焦虑的心理状态。

一、问题意识对小学数学的重要性

在弘扬创新精神的今天，培养学生的问题意识比任何时候都显得尤为重要，它对于学生思维能力的培养、学习方式的转变和知识体系的构建有着重要的意义。

（一）有利于学生思维能力的培养

问题是思维的开端，是激活学生思维的基础。培养学生的问题意识，可以使学生摆脱过去迷信书本，以教师为权威的盲从状态，使学生具有较强的批判精神，善于从多角度、多侧面地看待问题，提出新的思路与解题方法，充分彰显学生的个性，使学生进行创造性学习。以不同的角度来分析问题，进而提出更多的问题，利于培养学生思维的灵活性、独创性与求异性。如设计一题多变的习题，让学生自己提出问题进行变式训练，并从中明白：不管题怎么变，解决问题的知识是不变的。

（二）有利于学生学习方式的转变

在以往的教学中过于重视教师的"教"，却忽视学生的"学"。教师处于教学的主要地位，而学生处于次要地位，只是在接受毫无悬念的结论性知识，学生参与学习的意识不强。培养学生的问题意识可以使学生在学习的过程中大胆质疑，勇于提出问题，并在问题的驱使下积极地探索，以解决心中的困惑，有利于学生自主学习能力的培养，实现了学生学习方式由"要我学"转变为"我要学"。

（三）有利于学生知识体系的构建

学生的认知是一个从未知到已知再到新未知的循环往复过程。这时学生如果具备较强的问题意识，就会在学习的过程中充分调动已有的知识储备主动思考，并在不断解决问题的过程中提出新的问题。一个问题的解决往往需要学生运用一个或几个知识，通过思考与提问的过程，可以使学生将所学过的与此有关的知识串联起来，完成知识的主动构建，从而使学生形成完整、系统的数学知识体系。

二、当前小学生问题意识的现状

问题意识是培养学生创造力的基础，而培养创造性人才是时代和社会发展对学校教育提出的新要求。因此，培养学生的问题意识是十分有必要的。然而，目前的教育状况却是学生缺乏问题意识，提不出问题。

（一）不敢提出问题

在平时的教学中，我们不难发现这样一个现象：刚入学的小朋友大多敢问个"为什么"，可谓"初生牛犊不怕虎"；而到了中、高年级，学生似乎变得少年老成，金口难开。他们有的认为课本上、老师讲的总不会错；有的自己胆怯，没有自信心，怕老师指责自己上课没认真听讲，怕同学笑话自己；还有的认为自己有问题不明白是不聪明的表现，并担心自己所提的问题没有探讨的价值。

（二）不会提出问题

还有这样一种现象：许多学生不懂得如何去发现和提出问题，总是被动地学习、被要求去解决教师、教材所提出的问题，一味地接受现成的知识，不善思考，思维僵化，问题意识淡漠甚至没有。

因此，作为教师最重要的就是培养学生的问题意识，使学生提出高质量的问题，真正会学、会问。

三、培养学生问题意识的措施

学生的问题意识是学生思维的动力，然而问题意识不是天生的，它也需要培养和激发。下面我针对上面的情况和自己教学的一点经验体会，谈谈如何培养学生的问题意识。

（一）培养学生的问题需求，使学生"能"问

首先，传统教学对"教"与"学"进行了大量的论证和实践，而对"问题教学"则关注不够，大部分学生只对知识全盘接受却很少质疑。因此，教师在教学理念上，应注重启发学生思考问题，让学生的思想在课堂上得以充分展现；同时，教师在布置作业时，应避免重复性的题海训练，注重设计一些能够激发学生问题意识和训练学生发散性思维的作业。

其次，创设能够激发学生问题意识的教学氛围。第一，民主、自由的教学氛围能够充分发展学生的个性，易于激发学生的问题意识和创造力。因此，在课堂教学中，我们要鼓励学生善于发问、善于质疑，让学生发表其独立见解。第二，创设宽松、和谐、自由的班级和课堂环境。在这种氛围中，学生身心处于自由状态，思维更为活跃，有利于问题意识的形成。第三，评价体系应以鼓励为主，允许多样化的答案。这种评价体系更注重学生创造性的表现，而不仅仅强调和重视结果，重过程轻结果的评价体系易于激发学生积极思维，而不用在分数面前患得患失。

（二）解除心理顾虑，使学生"敢"问

要让学生敢问，首先必须清除学生的心理障碍，为学生的"问"营造氛围。

1. 营造氛围，拉近关系

陶行知先生说："只有民主才能解放最大多数人的创造力，而且使最大多数人之创造力发挥到最高峰，应创设教学中良好的师生关系。"因此，在课堂上，教师应尽量想方设法营造积极宽松的课堂气氛，建立一种民主、平等、和谐的师生关系。在教学中，可经常组织"门诊式"（同桌间）、"会

诊式"（小组内）、"辩论式"（班级中）三种形式的提问，同时还要用微笑、注视、点头、手势等方式对学生进行鼓励，消除学生在学习过程中的紧张感，使他们积极主动思考，勇于提出多种问题。

2. 创设情境，激发兴趣

兴趣是最好的老师，学生有了学习兴趣，他们的思维就会保持在积极地探索的状态之中，有了兴趣，他们会把学习作为自己内心的需要，而不是把学习当作一种负担。在教学中，我们应有意识地创设趣味性问题情境，激活探究欲望、唤起学习动机，使学生积极主动地提出问题。例如在教学"分数大小的比较"时，创设唐僧师徒四人西天取经的情境，途中师徒四人口渴难忍，让八戒去找西瓜解渴。八戒抱着西瓜回来后，孙悟空说："把西瓜平均分成四份，每人一份。"八戒听了不高兴了，叫喊说："西瓜是我找来的，不给我六分之一，也得给我五分之一。"悟空乐了，赶紧切了五分之一给八戒。八戒吃完西瓜拍着肚皮说："我真傻，为什么比应得的还少呢？"当学生们被生动的故事深深吸引时，教师设问："同学们，你知道八戒吃的为什么比应得的少吗？"由此引导学生饶有兴趣地展开操作、观察、思考、交流，比较分数的大小。如此以境生趣的目的就达到了。

3. 设置悬念，引导提问

悬念是一个问题还没有得到答案时，人们的焦虑心理，它是学生对新知识期盼的兴趣来源，也是学生克服困难主动探究的动力来源。教师可以用新颖的方式、生动的语言在学生的心理上设置"悬念"，促使学生主动探究问题、主动解决问题。例如在教学五年级下册"3 的倍数的特征"时，教师可以组织学生考老师："只要你报一个数，我就知道它是否是 3 的倍数。"出于强烈的好奇心，学生都积极开动脑筋，纷纷抢报较大的数，力求难住老师。但当他们看到我似乎连想都不想，随口就能准确迅速判断出来后，不由得瞪大眼睛，露出疑惑不解的神情。教师设置了这么一个悬念激发了求知欲，学生迫切想了解其中的奥妙，纷纷问老师："为什么您能判断得又对又快呢？"在教师的引导下，学生自己讨论探究，发现了"看"的方法，即只要看这个数的个位及各个数位上数的和的情况。

（三）传授质疑方法，使学生"会"问

质疑问难是探求知识，发现问题的开始，是推动创新的原动力。但要让学生会问；是指学生不盲目地提问，教师在教学中要教给学生一些提出问题的技巧，引导学生主动参与到学习活动中，去捕捉"问"的契机。

1. 在思维碰撞中发现问题

在课堂上让学生展开小组讨论，有利于学生之间的信息交流，有利于学

生在思维碰撞的火花中发现问题并解决问题。例如：在二年级下册教学"数据的收集和整理"一课，看主题图提数学问题时，先让学生仔细观察并提问："从图中你知道了什么？"引导学生收集整理好数学信息后，又提问："你能根据这些数学信息提出哪些问题？"小组展开热烈讨论后，学生们纷纷提出了许多颇有价值的问题：我想知道学生比老师多多少人？参加哪种活动的人最多，参加哪种活动的人最少……学生们的精彩发言，让我欣喜地看到他们头脑中美妙的思维火花正在闪耀着五彩的光芒。

2. 在求异思维中发现问题

学生求异能力的培养是创新学习的一个重要方面。因此，教学中教师要鼓励学生换一个角度去思考和判断问题，要让学生不死守书本，不拘泥形式，不受框框的限制，有自己的创见。还可以经过一系列的实践操作活动，让学生努力探索，求异创新，使学生的空间概念得到进一步发展，大大提高学生自主参与的能力。

3. 在发散思维中发现问题

发散思维是一种不依常规，寻求变异，从多方面寻求答案的思维方式。这种思维方式与创造力有着直接联系，是创造性思维的核心。因此，在教学中，我们要培养学生的发散思维能力，让学生在发散思维中发现问题，寻求答案。比如在复习"两数之间的关系"时，我出示了以下条件："六（2）班有女生 25 人，男生 20 人"，要求学生自己提问，并叫其他同学来回答。学生会提很多问题，如男生的人数是女生的几分之几？男生的人数比女生少几分之几？男生和女生人数的比是多少？女生和男生人数的比是多少？男生、女生和全班人数的比各是多少？……这样，提问的学生积极，回答的学生在心理上也容易接受，学习的动力增强，自主探究的能力也逐渐提高。

当然，培养学生的问题意识并不是朝夕之功，应当成为我们平时课堂教学持之以恒的追求，在充分体现教师的引导、组织、参与作用的同时，放手让学生自主、探究地开展学习。让学生在勤于思考，敢于质疑，善于提问的状态下，体会不是所有的问题都能得到解决，领悟"提出一个问题比解决一个问题更重要！"的含义，并能在解决问题的同时发现新的问题。

此文发表于《数学大世界》2016 年 3 月

追求热闹 莫忘实效

——"先学后教"的实效性研究

近几年我们特别关注课堂教学改革，推行"先学后教"课堂模式。这个模式的确能很好地激发学生自我探究的兴趣，培养学生的自学能力，但是如何更好地实施，让它不流于形式，值得思考。有的课堂虽然呈现出热闹的场面，但这是否代表学生真正主动地参与并起到了良好的效果了呢？我从以下的案例来解读热闹背后引发的思考：

案例：

教师在教学五年级"认识负数"这一节课之前，要求学生对这课内容进行了预习。

环节一：老师检查了预习稿，问："你有什么问题？"学生拿出预习稿，在小组中相互交流、讨论。讨论后以问答的方式解决：南京、北京和上海的气温各多少度？怎么想到用"+""-"来区别？

环节二：学习看温度计。教师：在温度计上找到+8℃和-17℃？你还能找到-23℃吗？然后老师随口说了几个温度，让学生在温度计上表示出来。

环节三：出示例 2，珠穆朗玛峰大约比海平面高 8848 米，吐鲁番盆地大约比海平面低 155 米。提问：你能用今天所学的知识来表示这两个高度吗？学生热情很高，很多学生抢着说出了答案。

环节四：教师说明：像-4、-17、-155、-7 这样的数都是负数，+4、+8、+8848 这样的数都是正数，0 是什么数呢？学生争先恐后地回答：0 不是正数，也不是负数。

环节五：出示练习题让学生用正负数表示。最后安排"猜一猜"的环节，世界最低最咸的湖——死海，它的海拔高度是多少米？学生兴致高涨，纷纷举手，"海拔负 1300 米。"老师说："低了。"学生猜："负 360 米。"老师说："高了。"在学生的反复猜测中，老师揭示了答案，学生非常感兴趣。

反思：

本堂课充分体现了新课程的理念，在学生课前预习的基础上，以学生为主体组织教学。整节课课堂气氛活跃，教师看上去做到了放手，处在引导的位置。但是透过热闹的表面，仔细想想，实际的教学效果又如何呢？从学生上交的作业来看，高达 30% 以上的学生看温度计的温度和在温度计上标温度时出错。访问个案，发现学生对知识的掌握是模糊的。我认为本节课有以下几点值得商榷：

环节一和环节二是例 1 的内容，只是用提问个别学生的形式检查了学生的预习情况。而学生对什么情况下用正数或负数表示是否真正理解了，并不确定。另外虽然看温度计是我们生活中常见的事情，但对于孩子来说，怎样看温度计和在温度计上表示温度还是有难度的。课上教师只通过展示了几个正确的答案来完成这部分内容的教学，从反馈的作业来看并没有达到预期的目标。因此，在课堂上教师应该展示温度计，让学生互相交流，教师适时地加以引导，从而让学生真正掌握正确看温度计的方法。

环节三：例 2 的内容，让学生理解用正负数表示海拔高度，在组织交流的过程中，可能在大多数孩子还没弄清题意时，少数孩子已经抢着报了答案。老师对于这一教学内容就这样草草收场，没有借助直观的示意图再进一步让学生理解海拔 8844 米和海拔负 155 米的意义。学生对于如何用正负数表示海拔高度的认知是比较模糊的。

环节四：对正负数意义的揭示，教师也是一带而过，其实在前面的环节中教师没有强调温度计上 0 的作用，学生就不可能真正理解零不是正数也不是负数这一概念。课堂上学生对于这一结论的回答无非也是看了书而得到的，这样的学习太过于流于形式，浮于浅表。

环节五：教师的设计意图很好，这样的猜测活动既调动了学生的学习兴趣，也让他们体会到了负数的含义。但因为采用口头问答的形式，教学的效果就不理想了。如果老师能根据海拔的高低板书出这些数，学生就能很直观地理解负数的含义及它的大小了。

本节课教师力求发挥学生的主观能动性，但忽略了数学知识的内在特点和教师的引领作用，仅仅突出学生的主体性，让表面的活跃掩盖了对数学知识的深度探究，从而使得热闹的课堂收到的实效却很低。因此我觉得我们只有做好以下两个方面，才能真正提高"先学后教"的实效性。

一、抓实"先学"

"先学"是后教的前提。"先学"成功与否是上好这堂课的基础。既然是"先学"，那么，学什么、怎样学？笔者认为这是指导学生自主学习首要解决的问题。

1. 全面阅读教材。数学课本是学习数学知识的依据，"先学"最基本的要求就是让学生通读教材。特别是例题，包括其中的一些定理、公式等，可以安排学生动手画一画、圈一圈，逐字逐句地阅读，了解本节课的知识结构。在全面阅读教材的基础上，最好能总结出本节课的重点内容是什么，为课堂上更好地学习做准备。如学习"认识负数"这一课时，要仔细阅读教材的内容，包括例1、例2和例题后面的小结语，理解文字和插图所表达的意思。从中了解本课的重点是让学生在现实情境下了解负数产生的背景，初步认识负数，知道正负数的读写法和0既不是正数也不是负数。

2. 做好课前准备。新课程背景下的数学教学注重数学与生活的联系，强调学生的动手操作的培养，因此在教学中很多生活素材和操作材料需要事先准备，这些都可以让学生在"先学"的环节中去完成。如，在教学"认识圆柱和圆锥"时，学生就可以在课前准备一些实物，制作一些相关的模型，并加以观察和研究，为新课中进一步研究长方体和正方体的特征提供材料和感性经验。

3. 尝试完成习题。学生在全面阅读教材后可以试着完成课后的习题：一是例题后的练习，教材在编排时往往选择新知识中的一种情况作为例题，而把其余几种情况作为尝试性习题，让学生自主探究。这种尝试性习题可以培养学生自主迁移的能力。二是"想想做做"中巩固性的习题。学生完成这类习题可以检查经过自主学习后对知识理解的程度，也能使学生体会到"先学"的成功感。

4. 学会提出问题。学生的积极思维往往是从有疑问开始的，学会发现和提出问题是学会创新的关键。学生在阅读教材、尝试练习的过程中，肯定会遇到一些困难，产生一些疑问，教师就应该鼓励学生质疑，把提问的这个"绣球"抛给学生，并把问题记录下来反馈给老师。如学生在课前自学"角的度量"时，通过阅读、思考，可能会产生很多问题："为什么有两个半圆的刻度呢？""内外两个刻度有什么用处？""为什么要有中心的一点呢？"，等等。这样做既培养了学生提出问题的能力，也为教师的教学提供了参考，更让学生在课堂中的学习具有了针对性。

总之，抓实"先学"能使问题形成、提出，使矛盾、困惑碰撞，逼迫学生思考，使学生带着问题走进课堂，在自主学习中解决问题，从而提高学习效率。

二、把握"后教"

在"先学"后的教学过程中，教师如何把握好"教"的角色呢？这里的"教"并不只是教师的活动，而是在教师的组织引导下讨论、更正、归纳、总结。我认为，教师心中要明确两点：

1. 明确"教"的内容。在上课前教师应通过一定的方式对学生在"先学"过程中的问题进行调查，做到心中有数。"教"的内容应该是学生自学后还不能掌握的内容，即自学中暴露出来的主要的疑难问题或练习中的错误。对学生通过自学已经掌握的，坚决不讲。若是学困生做错了，引导中等偏上的学生分析，讲清原因，进而更正、归纳。对个别或极少数学生出现的问题，可以个别课外补救。这样教师要讲的内容就很少了，真正处于引导的地位，更好地发挥了学生的主动性。例如在"认识负数"中，正负数的读写，学生自学后能很好地掌握，这就可以略去不讲，而学生对于怎么正确认读温度计是一个难点，教师则要重点加以指导，让学生明确以 0 度为分界线，0 刻度以上的温度该怎么认读，0 刻度以下的温度又应怎么认读。

2. 明确"教"的方式。 我们可以采用先"生教生"，后"教师讲"的方法，学生在自主学习教材时遇到一些疑难问题，教师组织他们交流、讨论，让较多的学生一次又一次的更正，并给予归纳总结。这样，不仅能够加大教学容量，提高课堂教学效率，而且能更好地面向全体学生，发挥学生的主体作用。当然，教师对学生的讨论过程要进行调控，要深入到学生中去，了解学生的讨论情况，及时发现和指出带有共性的问题。真正实现学生主体与教师主导的多向互动和内在结合。如在教学"长方形周长的计算"时，先出示了例题。学生通过自学，在相互交流、补充的基础上主要形成了三种求周长的方法，即 5+3+5+3=16（厘米）、5×2+3×2=16（厘米）、（5+3）×2=16（厘米）。然后让学生讨论比较哪种方法更好。学生们各抒己见，最后得出结论，后两种方法从计算上看更加简便。教学中，教师选择了合理的"教"的方式，在课堂上引导学生进行集体交流、相互启发，并对交流过程进行调控，让学生对长方形周长计算的策略不断优化，同时又让学生体验了自学带来的成功和喜悦。

综上所述，"先学后教"的教学模式打破了传统的"满堂灌"教学模式，使学生从被动地接受知识中解脱出来，实现主动发展。同时教师也能根据学生的特点，制定相应的教学策略，做到有的放矢。这样的模式真正强调了学生的主体作用，充分发挥了教师的主导作用。 因此，在课堂教学中，教师不仅要抓实学生的"先学"，也要把握好"后教"，讲要讲在"刀刃"上，只有这样才能真正提高课堂的效果。

此文发表于《新教育》2014 年第 10 期

让数学学习评价成为学生发展的加油站

摘　要：传统的评价方式多采用测试形式，只以学生考试成绩的优劣作为评价学生学习情况的标准，过于注重甄别与选拔功能。这样的评价方式显然与素质教育的要求不相适应。因此，转变传统的数学评价方式，更加关注学生知识与技能、过程与方法及情感、态度价值观的形成，这对促进学生个性潜能的创造性发挥，使每个学生都具有可持续发展的能力，尤其重要。应该围绕课程标准，全面、科学、公正地对学生学习进行评价，发展学生的学习潜能，从而促使他们和谐、健康发展。

关键词：数学学习评价　作用　问题　方法

随着课程改革的不断深入，《数学课程标准》对评价提出了新的理念：评价的主要目的是为了全面了解学生学习历程，激励学生的学习和改进教师的教学，对学生数学学习的评价，既要关注学生学习的结果，更要关注他们学习的过程；既要关注学生学习的水平，更要关注他们在数学活动中所表现出来的情感和态度，帮助学生认识自我，建立信心。这就要求我们应以"人的发展"为目标，以"过程评价"为重点，建立评价目标多元化、评价方法多样化的评价体系。近年来，我做了以下几方面的大胆尝试：

一、注重过程评价，记录孩子成长的足迹

学生的发展是一个过程，促进学生的发展同样要经历一个过程。在新课程理念下，评价的重心应从过分关注学习的结果转向对过程的关注。只有关注过程，评价才可能深入学生发展的进程，及时了解学生在发展中遇到的问题、所做出的努力以及获得的进步，这样才有可能对学生的持续发展和提高进行有效的指导，评价促进发展的功能才能真正发挥作用。同时，也只有在关注过程中，才能有效地帮助学生形成积极的学习态度、科学的探究精神，才能注重学生在学习过程中的情感体验和价值观的形成，实现"知识与技能"、

"过程与方法"以及"情感态度与价值观"的全面发展。比如：学生在计算"6+5"时，思维过程是不尽相同的，大部分孩子会根据数的组成而得到，这是高水平的，我们称它为概念水平；把抽象的数字"6"和"5"具体化，6个苹果加上 5 个苹果是几个苹果，显然这种想法未达到概念水平，但表象能力还比较强，我们称它为表象水平；心里想着"6"，用手指表示"5"，掰着手指数一数，数出一个，只用手指表示其中一个加数，我们称它为半直观水平；两只手都用上，左手 5 个手指表示 5，右手 5 个手指表示 5，两只手合在一起数一数，没有第三只手了，怎么办？用脚趾也算上，虽然很可笑，虽然这种水平的孩子极少，但不可否认，还是有的，而且终归也可以得到，我们称之全直观水平。这么简单的一道计算题，竟有如此参差不齐的四种水平。可见，仅有正确的结果还代表不了一个人的能力和水平，真正的能力和水平是要在过程中体现出来的。同样，一个人的能力和水平也应该是在过程中被培养和发展的。因此，注重对学生数学学习过程的评价，记录学生在数学学习中的每一点进步，留下孩子们成长的足迹，已成为数学课程改革的一个新亮点。

二、注重评价内容综合化，张扬孩子的个性

《标准》确定了数学课程的总体目标，对义务教育阶段学生的数学素养提出四个方面的具体要求，包括知识与技能、数学思考、解决问题、情感和态度。评价的具体内容应围绕这些方面展开，形成多维度、全面的评价内容体系。

1. 注重平时作业，评价"知识与技能"

"知识与技能"是历来被片面当作评定学生数学学习的唯一依据，因而也被广泛重视。不过，以前对此的评价往往局限于学生的考试情况，很少注意到平时的作业情况，更不用说对平时的作业进行分析并提出有效的、针对性强的措施来改进教学了。为此，要加强平时的作业检查与分析，及时了解学生各阶段的知识与技能掌握情况，不断调整教学计划，使各项学习指标的完成落实到平时的学习中，使得评定的量比分析更准确。对学生书面作业的评价又应从两个方面进行：一是从对作业的态度、书写及格式的规范程度进行评价；二是从对基本知识和基本技能的掌握程度进行评价，而且要给学生及时改正错误、再次学习的机会。例如：计算题的教学，各个阶段对同一个内容有不同的要求。为此，在教学中，我让学生共同参与平时作业的分析与评定，使学生从中感受教学要求，自找差距，采取有效对策。同时，每阶段结束时，我都要求学生互相合作，根据平时作业中有代表性的几次成绩，评定出每名学生的平时成绩，使学生及时了解自己的学习状况，也使教师的最

终评定有了客观的基础与数据。应强调的是，各学段目标是该学段结束时学生应达到的，应允许一部分人经过一段时间的努力，随着知识与技能的积累可逐步达到。

2. 改革考核形式，评价"数学思考"

以前对学生的评价往往是"一张卷子定乾坤"，这样片面的评价当然不能准确地把握学生的真正水平。我们尝试在每个阶段的考核中，除了笔试，还新增了操作测试、口述解题思路等项。如对一道应用题，口试中要求学生说出思考的过程，即不仅说出怎样做，还要说出为什么那样做。这样，就促使学生对题目进行深入的理解并做出合理的分析与推断。同时，不同的学生会有不同的思路，这些思路往往与标准不同，但可以反映出每一名学生的思考过程，反映出他们不同的思维能力与差别，这为教师对他们进行数学思考的评价提供了机会。

3. 开展实践活动，评价"解决问题"

发现问题与解决问题的能力是未来人才的重要素质之一，也是创新能力的具体表现。因此，我们要把学生发现问题、解决问题能力作为评价的重点。新课程要求学生在日常生活中，能用数学的角度去发现和解决问题。为此，开展数学实践活动是一条重要的途径。如：学习"圆的认识"后，找一找生活环境中有哪些物体的形状是圆形的，并说说为什么要做成这样的形状。比如自行车的车轮不做成圆形好吗？让学生用头脑中已形成的几何概念和对图形特征的体验描述所处的生活空间，解释发现的生活现象。又如：学习统计知识后，让学生独立或合作选择感兴趣的事物，收集和整理数据，画出各式统计图，在全班展示出来，并根据统计情况做一件有意义的事情。

4. 注重课堂观察，评价"情感与态度"

学生的情感体验是重要的学习产物和素质，甚至是学生终身受用的。教学中要充分重视学生在数学学习中的情感投入，提供具有愉快感、充实感的数学学习活动，尤其要通过有效的评价不断地给学生以"有趣"和"成功"的体验。要使这方面的评价相对客观，就应注意平时的课堂观察，并做出相应的记录，使得评价有一定的依据。例如：学生如果喜欢数学，他会以较高的热情投入到数学学习活动之中，这从他的课前准备、课堂听讲、回答问题等方面可以看出。这时，如果教师能给予恰当的肯定和鼓励，那么他必将对数学产生更浓厚的兴趣。

三、注重评价主体多元化，给孩子多一份肯定

学习评价应由主观评价和客观评价协同作用来完成。学生、教师、家长是参与评价的三大主体，我们过去偏向于老师对学生的评价，如今新课程要

实现"以人为本"，教学过程就要体现学生"自主学习、合作探究"的主旋律，那么我们就不能忽视学生的自评和互评，对于学习过程中的一些情感体验，如是否喜欢数学，学习数学是否有信心，学生感觉是最真实的。由此可知学生的自评是很有必要的，也是很有价值的。而数学学习又是一个合作的过程，在小组合作中，学生所表现的各种素质，他是否积极参与、是否有与众不同的想法，小组内同学最有发言权，因此学生的互评也是至关重要的。家长和孩子之间有着特殊的关系，家长的评价影响力不可低估，可以利用评价手册、家校联系卡、课外作业、实践活动，经常对学生进行评价，以发挥家长在学生成长中的作用。

教师是教学活动的组织者、指导者和参与者，是评价学习活动的主要成员。教师应协调好学生、同伴、家长之间的关系，做好综合评价工作，以发挥多主体评价的"合力"作用。

1．教师对学生的评价

教师对学生解题的评价包括定性和定量两个方面。定性评价，主要指言语褒贬，应努力挖掘学生解题中的闪光点，在坚持实事求是的前提下讲究评价语言的艺术性——做到褒中有贬，贬中有褒，把握分寸和技巧，使学生心悦诚服。定量评价，主要出现在作业和试卷上，一般来说，定量的评价既要严格又要灵活，对于后进生要尽量宽容，不宜太苛刻，要用发展的眼光看待学生的进步。

2．学生对学生的评价

既可以同桌互评，也可以四个人组成一个小组进行讨论，还可全班选代表。这是老师用得较多的形式。

3．学生对自己的评价

学生个体的自我评价，是最高形式的鉴赏活动。因此，教师的着眼点应较多地投入到培养学生的自我评价能力上去，通过激发评价兴趣，培养评价习惯，进而提高评价水平。可以说，学生自我评价水平的提高，就反映着解题能力的提高，但解题能力提高，并不等于自我评价能力也得到了相应的提高。

4．家长对学生的评价

家长对孩子的期望值较高，因此家长对学生的评价宜坚持客观评价为主。

评价主体多元化的形成，从不同角度为学生提供了有关自己学习的发展状况的信息，有助于学生更全面地认识自我。学生的每一点进步，教师的每一次鼓励，家长的每一份关爱，都会对学生的成长产生积极的作用。

四、注重评价方式多样化，给孩子一份喜悦

学习过程是眼、耳、脑、手等器官共同配合的过程。评价方式要改变只看单一的书面考试成绩而下结论的传统做法，要采用多种不同的形式，如课堂观察、作业评价、语言激励等，对学生进行发展性的学习评价。在此，我对自己在实践中发现的一些操作性和可行性较强的新型评价方法简要介绍如下：

1. 课堂观察

了解评价学生有效的方法和手段是实施评价改革的前提。教学中我们体会到，学生课堂上外显的看、听、说、想、做等方面的表现是教师能看得见、摸得着的。学生课堂上的一举一动、一思一行正是评价的依据。找准课堂评价的媒介，制定评价措施才能有的放矢。学生在课堂上的表现是随时、随机的，要做到及时评价、及时反馈，没有简便易行、具体可操作的方法是不行的。经过课堂教学的反复尝试，我们可对学生的观察、倾听、语言表达、问题思考、动手操作、合作学习等方面做详细的观察。

当学生在回答问题或进行练习时，通过课堂观察，教师能及时了解学生学习的情况，从而做出积极反馈，正确的给予鼓励和强化，错误的给予指导与矫正。教师可根据需要关注学生突出的一到两个方面，每个学生或学习小组一学期至少应被关注三次，对突出表现的行为，在相应的观察项目上标注记号，主要记载课堂上学生个体的计算分析能力、操作能力、特别表现（富有个性、独特的见解、合作竞争意识等）这三方面的情况，试行时首先向学生介绍记载表的结构、内容、作用，让学生有所了解，并强调课堂 40 分钟的重要性，淡化以往的所谓"单元测试""期中、期末测试"。

只要谁上课专心听讲，积极发言，老师就会对他的表现、创造性见解、出色的操作等给予"很好"这一评价词，那么这个同学课毕就可以自己到讲台前记载表上划上一笔（记一次，相当于以往的"考试"得"优"）。同学们对此表现出极大的兴趣，课堂上呈现出以往没有过的活跃氛围，大家都积极动脑、动手、动口。

例如：要求学生利用学具盒中的小棒组装长方体、正方体时，盒中有三种不同长度的小棒，12 根黄色小棒、8 根红色小棒和 8 根蓝色小棒，分别组装一个 6 面都是长方形的长方体（应选三色），一个其中有两面是正方形的长方体（有六种方法），一个是正方体（只有一种）。在操作中教师视学生的掌握知识程度、反应判断能力、动手操作能力，给予正确的评价，则课上同学们思维活跃，动作迅速，述理清晰，师生配合默契。学生不仅能争先恐后地回答问题，而且有的学生能够向老师提出富有挑战性的问题，极大地调

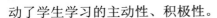

动了学生学习的主动性、积极性。

2．推迟判断

由于学生在数学学习的发展上存在差异，教师应允许一部分学生经过一段时间的努力，随着数学知识与技能的积累逐步达到应达到的目标。对此，教师可选择推迟做出判断的方法。如果学生对自己的某次作业、测验的答卷或课堂回答不满意，教师可以鼓励学生提出申请，并允许他们重新解答。当学生通过努力，改正答卷中的错误后，教师可以就学生的第二次答卷给予评价，给出鼓励性的评语。

这种"推迟判断"淡化了评价的甄别功能，突出反映了学生的纵向发展。同时避免了"一锤定音"的偶然性，使成绩反馈的信息更具客观性、真实性，也减轻了学生对考试的恐惧感和紧张心理，为学生提供更多的学习成功的机会。特别是对于学习有困难的学生而言，这种"推迟判断"能让他们看到自己的进步，感受到获得成功的喜悦，从而激发新的学习动力。

如有个学生在第二单元的测试中，学习成绩很不好，明显看出基础知识没掌握，由于他平时学习也不认真。因此，我没理他，可他一直看着我，我问他有什么事吗？他鼓起勇气说："老师，上星期我常请假，没来上课，都听不懂。"我马上说给他补课，并给他第二次测试的机会。他显然很高兴。因为他是后进生，第二次测试进步也不是很明显，他有些失望，我便说："挺好的，有进步了，老师把你这次的好成绩记录下来。希望你再努力，好吗？"他微微点点头。正是因为老师针对该生的实际情况实施延时评价给他将来的学习带来了希望。这样，让不同的孩子获得不同的发展，从而促进学生综合素质的全面提高。

3．成长记录袋

成长记录袋是有目的地搜集记录学生在一个特定区域、特定阶段内的学习、进步或达到的成就。教师可以通过成长记录袋，从细微处及平时的点滴中了解学生，并据此对学生进行评价。它所采取的形式，就像艺术家、建筑师或广告设计者都会把他们精心挑选出的作品放入一个大皮夹中，从各方面展示他们的才华一样。

学生中收集的就是学生在学习过程中获得的成功体验，品尝成功的喜悦，逐步学会正确地认识、评价自己和他人的材料。内容可以有：

● "我最满意的……"：数学作业本、单项考查试卷、综合考查试卷等。

● "我最自豪的……"：一次表扬、一次成功、一次获奖(证书、奖状)、一封贺信、一个优点(特长、习惯)。

● "我印象最深的……"：有趣的数学课(活动)、一次有意义的谈话、一次教训。

● "我来介绍"：单元总结、学习方法、学习经验。

● "悄悄话"：我对自己悄悄说、我对同学悄悄说、我对老师悄悄说、我对爸爸妈妈悄悄说。

成长记录袋除了帮助学生与教师了解学习与进步的状况外，对于学生自主性、反思能力、创造性的发展有重要作用。同时，客观存在不仅反映学生知识与技能的掌握情况，还可以反映学生其他方面的发展，从而有效地克服评价标准单一和片面强调学业成绩的做法。这种评价，相比那种板着面孔打分、评比，来得更活泼、更便捷，也更为有效。它培养学生的反思能力，关注了学生的个体差异，有效地缓解了学生的学习与考试焦虑情绪，减少了学习过程中的消极心理感受，增加了学生成功的体验。学生非常喜欢这种评价方式，在记录的过程中表现出浓厚的兴趣。收集的过程就是成长的过程、提高的过程。每个袋子都是沉甸甸的。捧着它，学生心中的成就感、自豪感油然而生，有的学生甚至抱着档案袋又亲又笑。

4. 调查和实验

调查和实验是一种采用动手实践活动进行表现性评价的形式。通过学生的调查实验，有助于实现数学课程中培养学生动手实践能力的目标，有助于学生形成对数学内部的整体把握以及加强数学与外部世界的联系。

如结合学生对小数加法和减法的学习，可设计一些实践活动来评价学生解决实际问题的过程：请开学前到文具商店去购买学习用品，调查各种文具的价格，并结合你的需要，说说你想到了什么数学问题并解决。又如在学生学习了圆柱体积的计算方法后，教师提供一些空心的圆柱和圆锥，让学生通过动手实验搞清圆柱和圆锥之间的关系，从而推导出圆锥体积的计算方法。

5. 开放性任务

开放性任务意味着一个较为复杂开放的问题情景，解决这样的任务需要提出假设，对数学情景做出解释，计划解题的方向，创造一个新的相关的问题或进行概括，等等。也就是说该任务的解决过程可以帮助我们收集到有关学生更多方面的信息，从而说它更具开放性。一个好的开放性任务不仅要求学生给出数学问题的解答结果，而且要求学生在这一任务中学习探索，使用各种方法，综合应用各种数学知识和技能，并且在具体的情景中调整它们以适应新的情景。

如在学生学习了几何图形的面积计算后，教师提供一个开放性任务：火车站旁边有一块面积是 1000 平方米的长方形空地，请你利用所学过的几何图形，把它设计成一个美观、合理的花坛。说说你的设计方案。

6. 数学日记

数学日记不仅可以评价学生对知识的理解，还可以评价学生思维的方式。因为通过写日记的方式，学生可以对他所学的数学内容进行总结，可以像和自己谈心一样写出他们自己的情感、态度、困难之处或感兴趣之处。新课程强调发展的学生数学交流能力是数学教育的目标之一，而写数学日记无疑提供了一个让学生用数学的语言或自己的语言表达数学思想、方法和情感的机会。而且数学日记还可以发展成为一个自我报告，评价自己的能力或反思自己解决问题的策略。从这个意义上说，数学日记有助于数学教师培养和评价学生反省认知的能力。

刚开始时，大多数学生会觉得这种形式的写作非常困难，这时教师可以要求学生写一写他们是如何解决某一个问题，或记录某一天解决问题的活动，又或者写一写每节课后的自我反思。反思的内容如：本节课的学习目标和重点是什么？最大的收获是什么？有什么体验？最感兴趣的内容是什么？对课堂的各种练习和课后的作业能否轻松完成？是别人帮助还是自己独立完成？完成作业需要多长时间？你不明白或需要进一步理解的地方是什么？所学的内容在日常生活中怎么应用？回忆本节课的学习，还有哪些不清楚的问题？对老师的教学有什么疑惑或建议等。这样就会觉得有内容可写了。

通过实践我深深体会到：在教学中实施发展性评价，能产生良好的教育教学效果。这样的评价，可以给学生提供表现自己所知所能的各种各样的机会，帮助学生自我教育、自我进步、建立自信。为了孩子，我们当教师的应该拿明天社会发展的需要来教今天的孩子，实施发展性学习评价，培养学生的主体精神，发展学生的主体意识，实现学生"主动发展"，全面提高学生素质！

　　　　　　　　此文被评为 2009 年苏州市教育科研论文评比一等奖

让"预设"和"生成"来一次美丽的邂逅

"预设"和"生成"是新课程改革的核心概念之一。时至今日，虽然已不是什么新鲜的话题，但在前几日的一次公开教学活动与老师们的互动讨论中，重新引起了我对预设与生成的关注。当前对预设和生成关系的观点基本上已经达成共识，课堂教学既需要预设，也需要生成，预设与生成是课堂教学的双翼，缺一不可。预设体现对文本的尊重，生成体现对学生的尊重；预设体现教学的计划性和封闭性，生成体现教学的动态性和开放性，两者互补。目前存在的问题是在操作上难以实现两者的融合，教学过程中常常出现一"预设"就死、一"生成"就乱的现象。能否实现"预设"而不死，"生成"却不乱，让"预设"和"生成"巧妙地和睦相处呢？就这个问题，我谈一些自己的看法。

一、课堂教学因预设而有序

精彩的生成离不开之前的精心预设。凡事预则立，不预则废。教学是一个有目标、有计划的活动，教师必须在课前对自己的教学任务有一个清晰、理性的思考与安排，因此要重视预设。巧妙且有创意的预设就能与生成相媲美，使得课堂亮点闪烁、流光异彩，不少名家的经典之作就应验了这一点。一个不会预设的老师，便不会有处理生成的能力和机智；一个没有预设的课堂必定是一个杂乱无序的课堂，精彩的生成源于成功的预设，古人讲"运筹帷幄""料事如神""决胜千里""未雨绸缪"等，其实说的也是这个道理。

1. 全面了解学生

《数学课程标准》指出："数学教学活动必须建立在学生的认知发展水平和已有的知识经验基础之上，学生的数学学习活动是在教师组织、引导下的自我建构、自我生成的过程。"教学是师生交往互动的过程，教师已由知识的传播者转变为学生学习的组织者，学生认知水平、个性特点影响着教学活动的展开和推进。因此，要尽可能多地了解学生的复杂性和差异性，预测学生自主学习的方式和解决问题的策略。我们要给学生预设一个宽容、自由、融洽的学习氛围，使其具有更大的包容度和自由度，给生成留足空间。

如在教学一年级"认识人民币"之前，为了更好地了解学生的学习起点，我对班级学生进行调查，发现学生在生活中已通过各种途径，具备了对人民币的感性认识，显然学生的现实起点大大高于教材的逻辑起点。基于这样的现实，我对本节课的教学目标和重点进行了重新定位——从原来的认识各种面值的人民币知道元和角、角和分之间的进率调整为通过取币、换币、付币、找币等购物活动，自主地了解人民币的相关知识。而面对学生多样且富有个性的回答，教师只有充分预测了，才能做到临阵不乱，进而提高课堂教学效率。

2. 充分利用资源

教材是学生学习的基本资源，是教学内容的载体，但教材是面向全体的，不可能完全适合教师个体的"教"和学生个体的"学"。因此，教师在分析教材进行教学预设时应注意：仔细揣摩教材，理解编者意图；彰显教者个性，主动驾驭教材；正确区分教材内容和教学内容；以学生为本，找准教学起点；客观分析教材，把握教学重点、难点和关键；让学生在正思与反思的结合中学习；努力挖掘教材以及教学过程中的思想和情感因素。总之，是用教材教而不是教教材。另外要注重为学生提供丰富的其他课程资源。一方面自己要进行教学资源的开发和筛选，另一方面要指导学生通过各种渠道查找相关资料，从而优化预设，收获生成。总之，需要充分利用、整合所有有利于学生学习的有关资源，才能让课堂更有序。

3. 弹性预设流程

课堂教学过程是一个复杂多变的动态过程，实际教学中经常遇到教师意想不到的突发事件。因此，教师在教学前要广泛地收集材料，精心设计出一套具体可行的教学方案，也就是可以设计版块式的教学方案，各个教学环节也可以根据学生的反映、课堂变化情况灵活调整，使教学路径弹性可变，学生课前已经对新知识比较熟悉，"复习铺垫"这个环节就可以去掉，如在新课展开之后，发现学生对需要铺垫的知识不甚掌握，就可以再次铺垫。再如"课堂小结"放在巩固练习之后或者之前，也要根据学生对新知识的掌握情况再做决定。"质疑问难"可以在新课之后安排这个环节，也可以在巩固练习之后完成，还可以在课中进行。另外每个大版块中还可以分成许多小版块，每个小版块代表一条方案，教学中究竟使用哪个小版块，要根据学生的具体学习情况而定。这样版块状弹性结构的课堂流程设计，使课堂教学具有更大

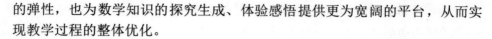

的弹性，也为数学知识的探究生成、体验感悟提供更为宽阔的平台，从而实现教学过程的整体优化。

4. 学习方式预设

《数学课程标准》指出："动手实践、自主探索与合作交流是学生学习数学的重要方式，数学教学活动必须建立在学生的认知发展水平和已有的知识经验基础上。"学生是学习活动的主体，教学中教师要尽可能地根据教学内容和学生实际，准备好充足的学习材料，为学生发挥主观能动性、创造性提供广阔的时间和空间，让学生在自主、自觉、自由的活动中积极、主动、探索式学习。但究竟怎样的教学能为学生提供探索的空间？哪些地方有必要给学生提供探索的空间？这些值得我们在设计每一堂课中所思考和关注。

比如四年级下册"图案的欣赏和设计"，是在认识了轴对称图形，图形的平移和旋转之后教学的，我在设计本节课时以学生喜闻乐见的活动为主，让学生在充分的参与中去感悟、去体验。首先让学生欣赏美丽的图案，感受图形中的对称，体会平移和旋转在图案设计中的应用。后半节课，让学生利用所学的知识发挥想象，设计美丽的具有个性的图案，可以个人独立完成，也可以小组合作完成。组织这样的数学实践活动，要尽可能地让孩子多尝试和动手，让他们在有趣的活动中探索、体验、创造。在设计图案中，每个孩子都有自己独特的创意，在独立思考的基础上，充分发挥了小组间的交流合作，吸收他人的智慧结晶，这样不仅培养了学生自主学习的能力，也大大提高了合作学习的效率。实践也证明，这样的教学更加关注了学生的知识经验和情感体验，更能给学生提供学习探索的空间，为学生个性的发展及进行创造性学习提供条件；这样的教学，也多了一份实在，少了一些说教。

课堂教学面对的是独立的、有个性的孩子，它是有计划的，又是灵活多变的。课堂教学设计的成效如何，完全取决于教师对教材的理解，对学生情况的了解。教师只有以"促进学生的有效学习和全面发展"的教学理念为教学设计的基本原则，才能一切从学生实际出发，一切为学生考虑，对数学课堂生活进行充分地预设，促进课堂教学的互动有效。

二、课堂教学因生成而精彩

精心的预设无法全部预知精彩的生成，课堂教学是一个动态的过程，实际的课堂教学中，难免会发生诸多的意外，一旦出现"不速之客"，我们要灵活应对，而不能一味拘泥于课前的教案，有时反而可以巧妙利用意外的"生成"，也许它将会成为我们课堂的一个预料之外的精彩之举！

1. 关注生成，让学生拥有学习的主动权

互动生成的教学追求真实自然，敢于"暴露"意料之外的情况，课堂再现的是师生"原汁原味"的生活情景。当我们把教学看作是师生双方共同探讨新知、课程内容持续生成的时候，就需要教师在课程预设的基础上，随着学生思维的起伏、情感的波澜随时调整教学环节，动态生成学习内容。

例如，在教学"百以内的数"一课时，教师只为每个学生准备 10 根小棒，让学生用小棒摆出 25 来。设计的原意本来是让学生自主合作，在完成教学任务的同时，感悟小组合作的重要性。不料，在实际的教学中，一名小朋友向老师报告说她的同桌不肯合作，不愿意拿出自己的小棒与小组成员一起摆。遇到这种情况，教师一般都会硬性介入或进行一些冷处理。但是上课老师却微笑着让这名学生说原因。原来，这名学生有自己的想法：用黄色的 2 根小棒代表 20，用红色的 5 根小棒代表 5，合起来就是 25。这种表示方法不仅完成了任务，而且还蕴含了更高层次的代数思想。试想，如果没有给这个孩子营造一个轻松、民主、和谐的生成环境，课堂当中会有这么精彩的生成吗？尊重孩子，尊重孩子的独到见解，关注孩子的动态生成，能使教学变得多彩靓丽。把学习的主动权还给学生，能够生成课堂的精彩，使课堂绽放生命的活力。

2. 引导生成，生成资源有效利用

课堂是"生命相遇，心灵相约的场域，质疑问难的场所，通过对话探寻真理的地方。"在这充满生命气息的课堂中，往往飞扬着学生的智慧，而在智慧灵动闪烁之时，需要教师理性把握、相机引导，把这些闪动的智慧及时转化成一种新的教学资源。

如在教学"三角形的三边关系"时，一部分学生对于"三角形任意两边之和大于第三边"这一规律中的"任意"一词不是非常理解，在做练习时，误将长为"3、6、3"的三根小棒判断为能围成三角形。我请其中的一名学生说出自己的想法。原来，他只判断了"3+6>3"就认为这三边能围成三角形了。之后通过学生的争论和验证后明确了需要随意选两根它们的和都大于第三根，才能确认能围成三角形。此时我灵机一动，问大家：判断三边能否围成三角形是否一定要把三种可能都要考虑进去，能不能一次就准确判断出来？"一石激起千层浪"，同学们开动脑筋，很快就发现只要用"短边+短边"看是否大于"长边"一次就可以判断出来了。

从上面的教学片段中，不难看出学生在获知"三角形任意两边之和大于第三边"这一规律后，对"任意"一词的理解出现了偏差。那么怎样使学生

发现这一问题呢？在学生说明理由的过程中通过实际例子让学生能够认识到判断的不全面性，把学生的困惑点放大，引导学生自己发现问题，主动提出问题。当学生迷失方向，需要帮助时，很需要"无痕的教学"，帮助学生经历问题发现的过程，探究解决的过程。当关键处很细微，不容易被学生发现时，教师的引导就会在学生尝试的过程中"无痕"地放大新知与旧知的衔接点、经验与新知的矛盾冲突点，让学生准确地把握难点。在生成知识与技能的基础上，情感得以激发，同时也培养了学生发现问题，观察、分析、解决问题的能力。

3. 拓展生成，丰富课堂教学的形态

对于教学，教师的预设是重要的。然而预设并不等于封闭，现代课堂改革所倡导的教学是以学生的自主学习为基础，以合作学习为途径，以探究学习为目的教学。在这一过程中，学生作为一种活生生的力量，带着自己的知识、经验、思考、灵感、兴致参与学习活动，从而使课堂教学呈现出丰富性、多变性和复杂性。因此，教师应根据课堂生成资源，随时调整组织与引导方式。

在探索 "求长方形周长"的问题情境中，一个富有童趣的问题"花草进入养护期，熊爸爸要将长方形花草地（长 5 米、宽 3 米）围上篱笆，他要在花草的哪里围上篱笆，需要多长的篱笆呢？"请小朋友帮帮忙，应用所学知识算一算篱笆需要多长。

紧接着，教师设想在此灵活地处理教材，"如果一面靠墙（课件演示 5 米的靠墙），篱笆还需要这么长吗？实际要多少米？"

问题难度加深，的确调动了学生的学习热情。这时，一个平时爱动脑筋的小男生把手举得高高的，"5 米的长度刚好 5 根木桩（多媒体课件恰好 5 米的边有 5 根木桩，教师是依据美观而设），那每段不就是 1 米！数一数外面有几段，就有几米了。"

似乎说起来挺有道理的，其实这已经涉及到数学知识常说的"植树问题"。班上学生赞同，有的却一直摇头，更多的是想知道老师的立场，教师一时不知该如何圆场。

"5 米并不是 5 段，1 段不只 1 米，要 1.25 米啊。"虽然小女孩声音极小，但一语惊人，教师按着她的说法加以引导："大家一起数数，5 根木桩只有 1、2、3、4 段距离，那还能是有几段就有几米吗？"

学生反对了："不行！""只要把长加上两个宽就可以了。"

还有不少学生在寻求更方便的解法，"宽乘 2 加长也能求出周长"。

上面的例子说明课堂上生成的资源是丰富的、多变的，教师只有充分利

用生成资源，并在此基础上加以扩展，这样才能更好地引导学生自主合作、探究学习，发挥他们的主动性，同时使课堂教学形态更加丰富。

"预设"和"生成"是辩证的统一体，深陷在"预设"的窠臼里，往往会把学生引入狭窄的小胡同，在这样的过程中，学生的问题意识淡薄了，棱角磨平了，个性消弭了。这显然有悖于使学生终身可持续发展的教育目标，而纯粹的"生成"实属矫枉过正。实践告诉我们，在课堂上让学生完全像数学家一样地去研究数学，像历史学家一样地研究历史，只能是乌托邦式的幻想。因为学生毕竟是学生，我们要正视和尊重未成年人的未成熟状态，该发现的让其发现，该接受的使其接受。所以，追寻"预设"与"生成"的和谐平衡，这才是新课程背景之下教学的理想，也是理想的教学，才是课堂教学理念在嬗变中对传统的超越。我们在今后的课堂教学中应该让"预设"和"生成"多一点美丽的邂逅。

此文发表于《数学学习与研究》2012 年第 12 期

手指间开出智慧之花

"手是意识的伟大培育者，又是智慧的创造者。"组织学生在实践操作中探究发现规律，可以充分调动学生的各种感官，从感性到理性，从实践到认识，引导学生从形象到抽象进行概括、分析、推理，这不仅有利于学生加深对数学知识的理解和掌握，也有利于培养学生的创新意识，促进学生思维的发展。

【案例】

在教学四下"解决问题的策略——画图"时，书上有这么一道题目："张庄小学原来有一个长方形操场，长 60 米，宽 45 米。扩建校园时，操场的长增加了 15 米，宽增加了 8 米，操场的面积增加了多少平方米？"

教师：你们准备如何来解决这个问题呢？

学生 1：因为问题求面积增加多少平方米？所以我用增加的长和增加的宽相乘，就得出增加的面积。即 $15 \times 8 = 120$ 平方米。

教师：你们同意这名同学的意见吗？

（有些学生赞同，少许不赞同，一小部分疑惑。）

教师：不同意的同学，你们是怎么想的？

学生 2：我认为是 $(60-15) \times (45-8)$，把原来的长和宽减去增加的长和宽，再相乘，就是增加部分面积。

（有个别学生马上反对）

教师：你怎么想的？

学生 3：我画图后想到用扩建后得到的长与宽相乘求出的面积减去原来操场的面积就是增加部分面积。即 $(60+15) \times (45+8) - 60 \times 45$

教师：还有其他想法吗？

（有些学生疑惑，有些不敢发言，生怕是错的）

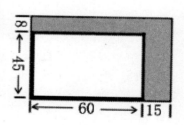

教师：既然大家心存疑惑，接下来我们就分组，画画图、剪剪看，找出增加部分是怎样一个图形（剪下来）。小组讨论一下可以有多少种办法求出它的面积。

（学生开始动手画画、剪剪）

通过动手操作、合作交流，大部分的学生解决了这个问题，因而面露喜色。

教师：接下来让我们看看前面的三种解法，你赞同哪一种？

（学生异口同声都说第三种）

教师：为什么其余两名同学的方法大家不赞同呢？

教师：我们还请刚才的同学自己来说说问题出在哪里？

学生 1：我用 15×8=120 平方米，只算了增加面积中的一部分，我少算了两部分，所以在刚才的列式上还要加上这两部分。即 15×8+60×8+45×15。

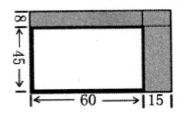

学生 2：我刚才的列式没有道理，通过分析后发现，增加部分可以分成两个长方形，一个长方形的长是 60 厘米，宽是 8 厘米，另一个长方形的长是 53 厘米，宽是 15 厘米。列式为 60×8+（45+8）×15。

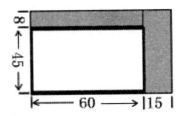

教师：两名同学通过动手操作，不仅发现了原先解法的错误之处，并且找到了正确方法。还有其他方法吗？

（连学习上有困难的和刚才不敢举手的学生也举起了手，其余的更加跃跃欲试。）

学生 4：我的想法和他差不多，也把增加的面积分成两个长方形，我们得到的列式是（60+15）×8+45×15

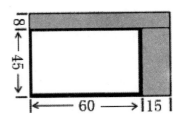

【反思】

在解决问题的过程中，学生从一开始的迷惑、模糊到后来的思维活跃、方法多样，前后学习效果迥异。我想这主要归因于让学生通过动手操作，让学生"做"数学，从而提高了思维效率，拓展了认知渠道，最终找到了解决问题的方法。

一、让学生动手"做"数学——在操作中自主建构

在日常教学中，许多教师经常感到困惑：学生明明能把公式、概念、定律等背得滚瓜烂熟，但在解决实际问题时，不会融会贯通地运用所学知识。就像上面的案例，学生对长方形的面积公式非常熟悉，但是解决类似的问题时就遇到了困难。究其原因，主要是我们在教学时过于注重对知识的记忆，而忽略了学生在知识形成过程中内心的独特体验，因而使学生缺乏丰富的个性化的经验作为知识的依托。学生的学习必须是建立在自己已有知识经验基础上的自主建构。操场增加部分面积实际上是个组合图形。求组合图形的关键在于了解图形的结构，能把它分解成若干简单图形，而这又正是学生学习中的主要困难。这堂课中解决操场增加部分面积的方法实际上就是让学生通过画画、剪剪，用纸片表示出组合图形，在"做"的过程中明白了简单图形和组合图形的关系，从而水道渠成地发现了解决问题的多种方法。在教学中，老师并非漫无目的地放手让学生操作，而是有目的、有计划地进行，帮助学生掌握正确的操作方法后，给他们创设"动手做"的机会，最后放手让学生动手实践，从而实现了在操作中让学生主动建构有关组合图形的知识。

二、让学生动手"做"数学——发展形象思维

为什么学生熟读题目后仍找不到解决操场增加部分面积的方法呢？除了学生缺乏相应的生活经验和必要的组合图形的表象外，学生主要是在运用逻辑思维来思考问题，即运用综合法和分析法来寻找解题方法，而逻辑思维一般是线性的，学生从一个角度一个方向思考问题，一旦遭遇困难，思维就出现"卡壳"。而形象思维的进行是扇形的，思维是朝着多个方向发散，可以充分调动表象储备，不断获得新的构想，这就大大地提高了思维的灵活度和自由度。学生在"画画、剪剪、想想"的过程中，既有把客观实体转化为头脑中形象的过程，又有把头脑中的形象转化为客观实体的过程，在这样多次反复的转化中，学生逐步明晰了组合图形和简单图形之间的多种联系方式，于是，自然地突破了问题的难点。反思当前小学高年级的数学教学，存在着偏重于抽象逻辑思维的训练，从而导致学生的思维严谨性有余而灵活性不足。这堂课的成功使我认识到：教学中只有将学生的逻辑思维和形象思维的训练并重，才能使学生的思维得到协调、高效的发展。

再举一例：教学"圆面积"时，第一环节老师引导学生将圆拼割后组成了一个长方形。第二环节引导边操作边思考：①拼割后的图形与原图形相比，什么变了？什么没变？②长方形的长、宽与圆有什么关系？③根据长方形面积=长×宽，你能求出圆的面积吗？怎么求？这样的设计使学生在老师的引导

下掌握了边操作、边观察的分析方法，通过小组的讨论，探索出圆面积的计算公式。紧接着让学生用分割好的小图形再去拼学过的其他图形，验证推导出的圆面积公式是否正确。这一推导过程，使抽象的圆面积公式在学生脑海中有了形象的认识。因此，让学生动手"做"数学不仅是一种解决实际问题的方法，而且是一种启迪学生智慧、引导学生发展形象思维的教学策略。

三、让学生动手"做"数学——培养学生的创新意识

以上案例中提到，当教师有效引导学生动手操作后，学生不仅对课始的三种方法的正误给出了明确的答案，更重要的是引导出了很多种新的解决方法，全班同学的积极性都被调动起来了，每个学生的思维都在跳跃。教师重视学生操作，真正放手让学生实践，使实践操作与思维联系了起来，让创新意识在动手操作的过程中不断萌发，新知识在操作中不断产生。由此我们会发现，学生不仅是知识的学习者，也是知识的创造者。

再如教学"圆的认识"中有关半径、直径间的关系的认识。我是这样设计的，在学生认识圆的半径、直径的特征后，我请同学们 4 人为一组讨论："能否用不同的方法证明直径与半径有关系，有什么样的关系？"这简短而又带挑战性的问题，促使学生在无框架的约束下，积极进行创造性思维。有的组采用了"折"的方法，有的组通过"画一画、量一量"的方法，有的组在"同一圆内"测量，也有的在大小不同的圆中测量……虽然学生们的观察角度不同，学习习惯不同，思维方式不同，得出的结论也有所偏差，但通过小组的操作，群体的交流，最终归纳出了"同圆（等圆）内直径是半径的 2 倍"这一正确结论。这样的操作活动不仅能满足学生的求知愿望和表现欲望，而且有利于挖掘学生潜在的创新潜能，同时也加快了学生由形象思维向逻辑思维过渡的进程，使操作活动落到了实处。

总之，在课堂上教师要充分提供学生动手"做" 数学的机会，彻底将过去学生用耳朵"听"数学的状况转变为动手"做" 数学，让学生成为数学学习的主人，真正在"做"数学中经历、体验、探索数学的奥秘和乐趣。

此文发表于《语数外学习》2012 年第 7 期

"恰如其分" 才是美

——谈多媒体在小学数学教学中的合理运用

摘　要： 多媒体技术在教学中已被广泛使用，它有着很多不可替代的优势，能使枯燥的知识趣味化、形象化、具体化，从而获得最佳的教学效果。然而，如不注重其合理应用，必将导致喧宾夺主、过犹不及的后果。本文重点阐述了如何在小学数学课堂教学中"恰如其分"地运用多媒体教学。

关键词： 多媒体　使用　恰如其分

●困惑：多媒体教学并非"无往不胜"

信息技术与小学数学教学的整合已成为当今教学的趋势。的确，多媒体教学具有形象、生动、直观，信息量大，内容丰富，现代气息浓厚，容易调动学生的感知兴趣，激发学习动机，优化教学过程，提高教学效率等特点。然而，水满则溢，月盈则亏，凡事太过，就会碰钉子。

1.有关事例

一次去某学校听课，内容是认识长方体。教者制作了一个动感十足的课件，面、棱、顶点、展开图在课件中——呈现，背景还设计了一个"翻来滚去"的长方体。但是听课教师们一节课下来看的是眼花缭乱，我想，连听课的老师都是这样的感觉，更不用说那些小学生了。这样一个课件既影响学生的注意力，也给他们造成了视觉方面的压力。

还有一节课，内容是介绍一些基本图形。老师设计了机器人王国正在召开盛大晚会的情境，屏幕上的机器人都是运用这节课要介绍的图形组成的，画面做得很美，音乐也很好听，学生很感兴趣。本课还有另外一个任务就是让孩子们用这些图形拼出他们自己喜爱的图案。孩子们的想象力是丰富的，应该能运用这些图形做出各种图案，但是由于受到了之前那个动画的影响，90%的孩子画的都是机器人。原本希望出现的意料之外的图案几乎没有，他们的思维受到了严重的限制。

2. 问卷调查

其实，多媒体教学效果如何还要看学生的亲身体验后才能下定论。我对120 名三四年级学生了进行了一次有关数学课中多媒体运用的问卷调查。

对于是否经常使用多媒体课件这个问题，90%的学生都选择了"经常使用"。现在大部分学校的硬件设备都很齐全，教师运用水平也逐步提高，所以使用多媒体辅助教学还是很普遍的。

然而对于你是否喜欢老师使用多媒体为你上数学课这个问题，有 77.8%的学生表示喜欢，其余 22.2%的学生则或多或少地表示不喜欢。试想，一种教学方法在课堂上的使用，有接近 1/4 的学生不太喜欢，这在一定程度上会影响到教学的质量。

通过调查，我还发现一个问题：调查中成绩中差的学生，高达 90.3%的人表示他们不喜欢多媒体教学。经过分析，发现成绩不好的学生之所以不能接受，首先是因为使用了多媒体后，每节课都增加了一些知识，而且课堂教学的速度明显高于传统教学，这样他们就经常跟不上教师以及其他同学的进度。正是由于教师使用多媒体的频率较高，反而造成他们在学习上的恶性循环。

●反思：多媒体教学需"恰如其分"

思考之一：发挥教师的主导地位，谨防"以多媒体为中心"

运用多媒体教学时，要充分发挥教师的主导作用。有些教师想用多媒体教学，但又怕操作失误，就让计算机老师将课件设计成顺序式结构，上课时只需要按一个键，课件便按着顺序播放下去。教师想方设法将学生的思路引到多媒体课件既定流程上来，这样的课便成了"流水课"，一切以多媒体为中心。而课堂教学过程是由"教"和"学"两个方面构成的有机的、活动的过程。在这个过程中，教师需要根据各种不同的情况甚至是一些事前难以预料的情况适时调整教学方案。再说，教师精要的讲解、有条理的板书、及时的操作示范等，是计算机所不能完全代替的。因此，教师在备课时要注意不能跟着软件跑，上课时不能围绕屏幕转，而要根据学生的实际，充分利用自身的优势，发挥好主导作用。

思考之二：要避免滥用"效果"，分散学生注意力

多媒体丰富多彩的视听效果，可以增强教学的直观性和生动性。然而在课件中过多采用与教学内容无直接关系的图像、音乐、动画，只会使学生把更多的注意力放在精彩的画面和悦耳的音乐上，而无法专心于这些画面和音乐所蕴含的教学内容，效果往往适得其反。

例如在上"轴对称图形"一课时，一教师把课件做得非常精美，操作起来也很人性化。有了动画的演示，插进了美妙动听的音乐，学生学习兴趣浓厚，积极性很高。但实际上，整堂课学生只是观赏了精美的电脑画面，回答了简单的几个问题，忽略了真正思考的过程。整堂课学生总是被老师牵着鼻子走，就像被领进电影院看一场电影。这种一味追求课堂教学过程的"奢华"，效果如何呢？最终不是分散了学生的注意力，就是把学生搞到顾此失彼，反而降低了课堂效率。因此，在课堂教学时，一定要根据教学内容和学生的认知规律适当选用多媒体。

思考之三：多媒体的应用，不可忽视学生的操作能力的培养

学生的实际操作能力的培养，不能因计算机辅助教学的介入而被忽视。多媒体很多功能能使教学中一些难以讲清楚的知识迎刃而解。于是教师操纵鼠标演示，学生在看和听中经历了知识的形成过程，成了单纯的看客和听众，并没有真正动手去操作，去参与整个学习的过程。

例如教学"认识圆柱的侧面"，要求学生指出圆柱的侧面，然后教师利用多媒体将侧面涂上颜色并闪动；接着又让学生想象，把这个圆柱体的侧面沿着一条高剪开后展开，会是什么图形？学生回答后，教师课件操作此过程。"听过会忘记，看过能记住，做过才能学会"，这样的教学，会在学生脑海中停留多长时间呢？如果让学生动手摸一摸圆柱的侧面，亲自动手把圆柱的侧面展开，得到长方形、平行四边形或者不规则的图形，但这些图形经过转化，都可以化为长方形。教师再启发学生思考：什么情况下，侧面展开一定是长方形呢？然后再让学生去操作。这样在操作中思考，在思考中操作带给学生的感知要比仅仅通过看和听所感悟的多得多。只有在动手实践的基础上，再利用计算机的优势，帮助学生形成概念的教学，才符合由具体到抽象、由感性到理性的认识规律和小学生的心理特点，留在学生脑海中的烙印才会深刻得多。

思考之四：处理好传统教学手段与多媒体教学手段的关系

现代教学手段有其突出的特点，但传统教学手段也有自身的长处。因此在教学过程中将传统教学的优点与现代教学手段有机结合，才能提高课堂教学的质量与效率。

引进多媒体要视具体情况而定，不可千篇一律，要适当选用。比如在教学圆面积计算公式时，学生对于其推导过程中等分的份数越多，拼成的图形就越接近长方形这个"化圆为方"的道理难以理解。这时可借助计算机演示，把一个圆2等分，再把半圆分成8个相等的小扇形，拼成一个近似的长方形；

再依次进行 16、32……等份，让学生直观地看出等分的份数越多，越接近长方形。这样运用多媒体的效果就非常好。然而在教学长度单位时，就要注意处理好实际长短与课件投示出来的效果的关系，倘若不当，则会事与愿违。如在教学厘米时，老师为了让学生建立 1 厘米的概念，先让学生在尺上找出 1 厘米，再让学生闭眼想象 1 厘米有多长，学生已较好地建立起了 1 厘米的概念。接着，老师在多媒体上投放出一把放大的尺子图，告诉学生：从 0 到 1 是 1 厘米。马上有学生感到困惑了，到底哪个才是准确的呢？学生就因为老师没能适当运用多媒体而对知识的掌握欠准确。因此，数学课中使用多媒体教学要因人而异、因材而异、因时而异，将传统教学的优点与现代教学手段有机结合。

总之，在教学中只有摆正多媒体辅助教学的位置，合理使用，才能充分发挥其教学优势，达到优化课堂教学，提高学生素质的目的。

此文发表于《中国信息技术教育》2011 年第 4 期，后被转载于中国人民大学复印报刊资料《小学数学教与学》

我们的学生并非从 0 开始……

摘　要：新课标指出："义务教育阶段的数学课程，其基本出发点是促进学生全面、持续、和谐地发展。它不仅要考虑数学自身的特点，更应遵循学生学习数学的心理规律，强调从学生已有的生活经验出发……""数学教学活动必须建立在学生的认知发展水平和已有的知识经验基础之上"。可见《标准》强调数学课程必须充分关注学生的经验。学生的经验不仅是数学教学的重要目标，也是数学课程的重要组成部分，也是数学课程生成和发展的基础。教师应该成为学生经验的开发者、促进者。新课程下的数学教学应该以学生经验为起点，开发和激活学生经验、利用和提升学生经验。

关键词：激活　提升　经验

建构主义学习观认为：学习者不是如一张白纸般空着脑袋进入教室学习的，学习者是带着他已有的知识经验，在他人帮助下主动建构认知结构的过程。在这个过程中，已有的经验或者促进、或者阻碍着学习者的学习过程。教师应当充分认识这一点，重新审视经验在解决问题中的价值，扬长避短，最大限度地发挥经验的积极作用，帮助学生更好地解决问题，发展学生的数学能力。

一、有效开发和及时激活学生经验

新课程理念倡导情境性教学，要求将教学建立在解决现实情境中的真实问题的基础之上。首先要创设与现实生活类似的学习情景，使学习在与现实基本一致的情境中发生；其次要选择真实性问题作为学习内容，激活学习者的相关经验。只有在情境中提供一个真性的学习任务，才能帮助学生在解决问题的过程中唤醒、激活先前经验，为抽象的数学问题找到一个活生生的"生活原型"，从而实现所要学的数学知识和学生已有经验的有机整合。

1. 以兴趣为"酵母"，开发学生经验

[案例] "平移和旋转"的教学

教师：你们到苏州乐园玩过吗？苏州乐园里有哪些游乐项目呢？

学生随便说。

教师：你最喜欢哪个项目？它们是怎样运动的？你能用自己的动作模仿出这些游乐项目的运动吗？

学生用动作模仿自己喜欢的项目的运动方式。

学生1："我最喜欢'高空弹射'，它噌地一下直直地冲上去，又忽地一下直直地落下来！"并竖起手臂边说边从上往下来回比画。

学生2："我觉得旋转木马最有意思！一边转动，还一边上下升降！"伸出食指划完圆圈，又赶紧竖起指头，上下来回比画。

教师："高空弹射直直地上升，又直直地下降。"

教师停下模仿的动作，在下面板书垂直线段。

教师："旋转木马绕铁杆一圈一圈转动。"在下方板书带箭头的曲线。

教师：像高空弹射这样的运动我们把它叫做平移，像旋转木马这样的运动我们把它叫做旋转。

教师：谁来说说生活中还有哪些物体的运动方式是平移？哪些是旋转呢？

学生讨论交流。

以上案例中的教师以学生的兴趣为起点，在教学活动中先创设了去苏州乐园活动的情境，然后通过谈话交流来了解与学习内容相关联的生活经验、活动经验、知识经验，并且很自然地引入到本节课学习的内容上。这样的活动，激发了学生的兴趣，唤醒了学生已有的经验，完全符合学生的年龄和心理特点。

2. 以真性学习任务为平台，激活学生经验

[案例] "圆的认识"教学

教师：同学们都认识了圆。那你们能想办法画出一个圆吗？

学生动手操作。（有的用硬币、圆片等作为工具画。也有的直接用圆规画。）

教师：好！一会儿工夫，大家就画出了一个个漂亮的圆形图案。你们是怎样画出来的呢？愿意交流一下吗？

学生交流画圆的方法。

教师：真不错。老师这里有这样两条线（一根是定长的线，一条是皮筋），

用它也能画圆吗？

学生给出不同的意见。

教师：好！我就来试试看。

老师先用一条皮筋系上粉笔，在黑板上画圆，有意让皮筋一会儿长一会儿短。

学生马上发现这根线不行，争着说线的长度要固定……

教师：那老师换一根线。这次再试试看。（有意拉拉，长度不变。再画，故意移动定点。）

教师：同学们，还是不行啊！

学生观察后，发现应该固定中心点。

教师：老师明白了，画一个圆时，至少要注意两点……

在此基础上，总结画圆的要领，并引出圆心、半径和直径。

在学生的头脑中已经模糊地存在着圆的一些基本特征。案例中老师用线画圆的学习活动，激活了学生的已有经验。因此有效的学习总是在经验的基础上进行的，教学的过程，就是不断激活学生经验的过程。只有在具有一定的自主空间里，只有在不断地对话和刺激中，学生沉睡的经验才有可能被唤醒，从而处于积极状态，最终不断地同化、调整或重构。

二、充分利用和适时提升学生经验

杜威认为，儿童的生长实质上是个体经验的不断改造或重新改组的过程。因此数学教学不仅要利用好学生的生活现实和生活经验，而且更有必要对学生的生活经验即日常数学进行数学化，从而进行经验提升，以生成新的经验，促进学生的知识水平上升到一个新的高度，最终实现经验改造或重组。所以教师应把教学的关注点放在促进学生的认识从模糊趋向清晰，从形象趋向抽象，提升在数学活动中的经验之上。

1. 及时交流比较，提升学生经验

[案例] "角的初步认识"的教学

教师：同学们已经初步认识了角。生活中哪些地方有角呢？

学生：黑板上有角；

学生：钟面上、书本上有角；

……

学生：还有墙角、桌角。

教师：你看这名小朋友可真会联想。讲到角，就想到了我们的墙角和桌角。这可是我们日常生活中经常用到的词语啊！

让我们来观察比较一下，这里的角和我们今天学习的角，有没有什么不同呢？

学生观察比较后加以分辨。

教师：是啊！它们两者有很多相似的地方，但也有很多的不同。我们看，从一个墙角上，可以看出几个和我们书上画的一样的角呢？

学生：三个。

教师：从一个桌角上看呢？

学生：也是三个。

……

建构主义强调学习是以个人的经验为基础，是学生对自身经验世界的重组。但由于学生的经验存在着局限性，他们有的只是被称为"日常数学"或"民俗数学"的知识，有的经验甚至和"学校数学"的内涵有着很大的偏差。因此这时老师就应该从学生的生活经验出发，引导学生进行充分的交流和比较，对一些"日常数学"中的概念加以分析、比较，努力促进"日常数学"与"学校数学"二者的融合，从而不断地扩展学生的生活经验。

2. 适时优化选择，提升学生经验

[案例] "加和减"的教学

教师：小花猫和小白猫在比赛钓鱼，鱼缸里共钓到了 13 条小鱼，小花猫钓了 9 条，小白猫钓了几条呢？

学生：可以用 13－9 来求出小白猫钓了几条。

教师：那么 13－9=？，把你的想法先写在纸上，再告诉你的小组成员好吗？

教师：谁愿意来交流一下你的想法？

学生 1：我是一个一个地减，1，2，3，4，……9，最后剩下 4 条。

学生 2：我想，因为我们已经学过 9＋4＝13 了，所以 13－9 当然就等于 4。

学生 3：我是把 13 分成 10 和 3，先从 10 里减去 9，再加上 3，得 4。

学生 4：我是这样算的，13－9 我们可以看成是 13－10＝3，因为多减了 1 个就要还 1，所以 13－9＝4。

学生 5：把 9 分成 3 和 6，先从 13 里减去 3，再减去 6，最后得出 4。

教师：小朋友们真聪明。一道减法式题，大家竟有这么多算法。这些方法中，哪种方法算起来更简单些呢？谁来说说。

学生说，每个学生都说自己想的方法好，都不服输。

教师：小朋友们都发表了各自不同的意见。这样吧，老师有个建议，下面这道题（15－9），你们试着用几种不同的方法去算，然后再看看自己最喜欢哪种方法，好吗？

　　……

　　提倡算法多样化，在某种程度上就是要给每个孩子提供更大的思考空间，将自己的算法个性化地表达出来。这种个性化的算法，与孩子的经验是紧密相连的。但教学如果仅仅停留在这一点上，是远远不够的。试想，一个孩子如果不去思考、比较和体验其他同学的算法，而只是满足于自己的最初经验，那么他的思维能得到发展、能力能得到提高吗？因此从经验出发的同时，思考怎样让经验得到提升，这才是数学教学的本质所在。

　　把教学建立在学生已有的知识经验基础上，这是我们每个数学教师必须做到的。我们只有做到真正了解学生已有的知识基础，把学生已有的知识经验当作一种学习的资源和方法，精心设计教学活动，才能更好地实现新旧知识的迁移。这样的教学会让我们的课堂更加充满探索的气息，能让我们的学生在数学学习的道路上走得更快、更好……

　　　　　　　　　　　　此文发表于《苏州教育》2011 年第 6 期

第五篇

携梦远航

"平行四边形的面积"教学实录及教后随想

相城区蠡口实验小学　顾凤志

【教学内容】

义务教育教科书小学数学五年级上册第 7~8 页例 1、例 2、例 3 和"试一试""练一练"，及第 11 页练习二的第 1-5 题。

【教学目标】

1. 使学生通过操作、比较、推理等活动，推导并理解平行四边形面积计算公式，能正确地计算平行四边形的面积，学会解决简单的有关平行四边形面积的实际问题。

2. 使学生经历操作实验、观察比较、综合概括等推导面积公式的活动，感受图形转化的过程，初步了解转化的思想；体验面积推导的思路与方法，积累数学活动经验，发展空间观念。

3. 使学生积极主动地参与面积推导活动，体会数学知识的内在联系，产生对数学内容的兴趣，培养主动探究、合作交流的良好学习习惯和意识。初步感受"变"与"不变"的辩证思想。

【教学重点】

推导和理解平行四边形的面积公式。

【教学难点】

探索推导平行四边形面积公式的方法。

【教学过程】：

一、新授

1. 感受转化

出示例 1，提出问题：今天老师给大家带来了这样一个图形，仔细观察，它的面积是多少，你知道吗？你是怎么知道的？

根据学生回答引导，请大家再想想，有没有别的方法，能够一眼就看出它的面积是多少？

突出"移""拼"。

提问：请同学们仔细观察，由这个图形变成长方形，它的什么是变化的，什么是不变的呢？

2. 运用转化

出示例 1 后两个图形并提问：老师还给大家带来了两个图形，仔细观察，它们的面积相等吗？你是怎样想的？让学生指一指，说一说。

突出"剪"。

指出：这名同学将三角形沿这条边剪下来，往右平移，拼成一个正方形。看看，这两个图形的面积，是不是相等的？这里我们用到了一种非常重要的策略：转化。（板书：转化）

【设计意图】数学教学活动必须建立在学生的认知发展水平和已有的知识经验基础之上。在探究之前，引导学生数一数或算一算，得出平行四边形的面积，让学生找到知识的原点，激发学生学习的兴趣，从而顺利地进行平行四边形面积计算公式的探究。

3. 操作发现

出示例 2，提问：那么，你能用转化这种策略求出这个平行四边形的面积吗？

仔细观察，你觉得可以把这个平行四边形转化成什么图形？你是如何转化的？

学生讨论，交流。上来指一指，说一说。教师演示一遍。

下面就请同学们拿出准备好的平行四边形，自己动手操作，想办法将它也转化成长方形。

学生操作，教师巡视。

引导：老师发现，很多同学都用了和刚才一样的沿这条边剪开的方法，请你想想，有没有别的好办法了，动手再试试看。

学生操作，教师指导。

回顾：我们再来回顾刚才这个转化的过程。第一名同学是沿这条边剪、移、拼；第二个同学也是剪、移、拼；第三个同学沿着平行四边形的这条线段剪开、移、拼，也能转化成了长方形，它们之间有什么相同的地方呢？可以和你的同桌讨论讨论，相互说一说。

观察得真仔细，它们都是沿着平行四边形的高剪开的。我们前面研究的第一个平行四边形也是这样吗？一起来看看。（组织学生回顾观察）确实这样，只要沿着平行四边形的高剪，平移后，都能转化成长方形。（此时把图2的第1、第2个图形隐掉）

启发：想想，这条高就变成了转化后的长方形的什么呀，那么转化成的长方形的长和宽与平行四边形的底和高之间究竟有怎样的关系呢？下面就请同学们仔细观察图形，填一填表格，再同桌讨论，看看你发现了什么？

学生填写表格，并交流表格。

观察：我们一起看看这张图。这个平行四边形的底是多少，长方形的长是多少，它们相等，数据再来看一看，它们也是一样的。从图上看，我们发现长方形的长就和平行四边形的底是一样的。（板书：底）那你还发现了什么呢？

从图上看，长方形的宽就是平行四边形的高。（板书：高）学生再来说一说。

计算长方形的面积可以用长×宽，那平行四边形的面积可以怎样算呢？

小结：这就是我们今天所要研究的内容：平行四边形的面积。想想我们是怎样计算平行四边形面积的？（板书课题：平行四边形的面积）

【设计意图】新课程倡导学生在自主探索、合作交流、动手实践的基础上充分经历数学活动的过程，获得广泛的数学活动经验。所以在这一环节就让学生自己经历探究的过程，得出多种方法，体会转化前后的这两种图形之间的联系与区别，为后面公式的推导做好铺垫。著名教育家布鲁纳指出：掌握基本的数学思想和方法能使数学更易于理解和更便于记忆。平行四边形面积计算方法的教学是进行数学思想方法教学的良好契机。在本环节中，不能满足于单纯的平行四边形面积计算方法的学习，更注重引导学生掌握数学最本质的东西，关注数学思想和方法，培养和发展学生的数学能力。

二、应用公式，拓展延伸

1. 有一块平行四边形玻璃，底50厘米，高70厘米，面积是多少平方厘米？

学生读题。找条件，在图形上标数字，要求学生口答，教师板书算式。

学生独立计算并汇报。

提问：你是怎样列式计算的？这儿不是有 2 条高吗，你为什么选用 20 米这条高啊？

指出：也就是我们在运用面积公式计算时必须寻找一组相对应的底和高相乘。

2. 这其实是我们学校停车场的平面图。如果每个车位占地 15 平方米，这个停车场一共可以停多少辆车？

提问：你是如何理解每个车位占地 15 平方米的？（根据学生描述，课件出示停进一辆车）

如果每平方米造价 20 元，造这样一个停车场需要多少元？

学生口答。

3. 练一练：练习二（1）

刚才我们解决的是有关平行四边形面积的实际问题。那这个平行四边形的面积又该如何计算呢？一起读读题目。你是如何计算的？

提问：我们只知道长方形的长是 15 厘米，宽是 6 厘米，你是怎样计算出平行四边形面积的呢？

出示另外一个平行四边形。这个平行四边形的面积是多少呢？你是怎样想的？

出示另一个。面积是多少？

提问：看，图形一直都在变化，为什么图形的面积都是 90 平方厘米。

小结：发现图形的形状在不断的变化，但是面积是不变的。因为底和高是不变的。所以只要利用底和对应的高就能计算出平行四边形的面积。（板书：变，不变）

4. 练习二（5）

好，我们继续研究。一起读题。（出示前半个题目）

长方形的周长是多少？面积呢？学生解答，出示课件。

引导学生观察发现：平行四边形的底不变，高比长方形的宽短了，所以面积就随之变小了。

引导：如果继续拉伸下去，想想面积会怎样呢？

实物演示，发现：拉得越扁，面积越小。底不变，高越来越短。

【设计意图】通过各种形式的练习，巩固所学知识，解决生活中的问题，加强数学与生活的联系，提升学生的思维能力。数学教育的价值目标不再局限于让学生获得基本的数学知识和技能，更重要的是在数学学习的活动中，获得数学的基本思想方法，并能灵活运用方法解决在以后的学习中遇到的问题，达到举一反三的效果，提高解决实际问题的能力。

三、全课总结

通过研究，我们发现拉伸这个长方形，图形的形状发生改变，面积也随之发生改变，但是它们的周长却是不变的。今天我们研究平行四边形的面积就是要在变化中寻求不变的规律。

【板书设计】

平行四边形的面积

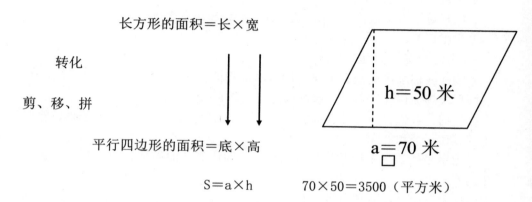

长方形的面积＝长×宽

转化

剪、移、拼

平行四边形的面积＝底×高

$$S＝a×h$$

h=50 米

a＝70 米

70×50＝3500（平方米）

【教后随想】

此次参加相城区第八届小学数学青年教师评课选优，选择了五年级上册"平行四边形的面积"这一内容。为了上好这一节课，赵老师与我一起进行了为期三周的磨课活动。这是一次难忘的经历，虽然过程艰辛，可收获也是满满的，特别是对于数学教学的理解和感悟丰富了许多。

这节课的内容主要是使学生通过操作、比较、推理等活动，推导并理解平行四边形面积计算公式，能正确地计算平行四边形的面积，学会解决简单的有关平行四边形面积的实际问题。确定好教学目标之后，我开始钻研教材、找寻成功课例，我设计之初就按照教材的顺序——组织教学，教材提供了"两组画在方格纸上的图形，要求学生判断每组两个图形的面积是否相等""把一个平行四边形转化成长方形""平行四边形与转化的长方形之间的联系"这三个例题，我将这三个例题放入教案中并结合一般教学设计中的引入、探究、练习部分，进行了第一次试教。赵老师听了第一次试教，听完之后的感觉是比较"散"，不能很好地突出教学重点，学生的体验不够，很多环节的设计还有待商榷。那该怎么办？大家决定坐下来一起仔仔细细地研课磨课。

我们从引入部分开始，一步步地推敲。原来的引入环节，我直接出示例题，意图是让学生在一下子无法判断两个图形面积是否相等时产生"转化"的需求，但是没有达到预期的效果。在组内讨论时，赵老师给出了建议，将引入改成先出示一个规则图形，复习已有知识，让学生通过数一数或算一算得到它的面积是多少，再出示第二个不规则的图形，与第一个图形比较"面积是否相等"，这样更容易启发学生将不规则图形"转化"成规则图形后进行比较，让学生体会到"转成"的优势从而能运用"转化"的方法。

在探究新课的环节中，赵老师凭借丰富的教学经验给我指出了很多教学细节上的不足，比如探究活动中需要让学生动手操作将一个平行四边形转化成长方形，还需要将另外 4 个平行四边形也转化成长方形之后，再来探索平行四边形和对应长方形之间的联系。组织学生操作活动，教师引导要到位，操作要领要清晰，这样才能保证教学效果。

赵老师建议我可以在第二次试教中尝试将例 2 和例 3 两部分融合，先尝试将一个平行四边形转化成长方形，让孩子对转化方法有一个接受的过程和系统的认识，再利用学会的方法尝试转化另外 4 个，最后进行观察和比较，发现它们之间的联系，从而推导出面积计算公式。赵老师帮我对练习部分的内容也进行了相应调整，使得环节之间的衔接能够更顺畅。

在对教案和课件进行修改之后，我进行了第二次试教，这一次感觉上也顺畅了许多，教学的内容和设计上也觉得扎实了。

有赵老师为我出谋划策，我对教学设计环节的担心基本没有了，但是对自己的临场发挥水平多少还是有点忐忑，比如教学语言的运用、课堂气氛的把握上，也是认识到了自身的这些不足，在第二次试教之后，赵老师开始为我进行教学语言的重组，细化到每一字每一句，让我真正清楚地认识到，数学的逻辑性严密性都不容小觑，老师的每一个要求都要清晰明确，这样我们的孩子才会懂得该如何思考，该思考什么。而在课堂上，老师的应变能力也非常重要，我们的孩子有时候比我们更聪明，面对突如其来的提问和新颖的生成问题又该怎么去处理呢？我又学到了许多。

一节课越研究越有内涵，越磨越有味道，越讲越有讲不完的内容和价值。特别感谢赵老师的悉心指导。

（注：顾凤志老师被评为相城区学科带头人）

"认识多边形"教学实录及教学感悟

相城区蠡口实验小学　李　婷

【教学内容】

苏教版二年级上册第 12～13 页例 1 及想想做做。

【教学目标】

1. 让学生通过观察、比较，初步认识四边形、五边形、六边形等平面图形。

2. 通过图形的折、剪、拼、搭等实践操作活动，使学生体会图形的变换和联系，发展空间观念。

3. 初步激发学生在活动中的参与意识，培养对数学的兴趣，培养合作、交往的意识和创新意识。

【教学重点】

通过观察、比较、归纳等活动，初步认识四边形、五边形、六边形等平面图形。

【教学难点】

在折、拼、剪、搭等活动中体会图形的变换和联系。

【教学用具】

课件、剪刀、钉子板、皮筋、练习纸、四边形纸和正方形纸。

【教学过程】：

一、回顾引新

教师：这是图形王国，今天我们就一起去看一看，玩一玩，好吗？

让我们乘着车，出发吧！

图形王国到了。瞧！谁正站在门口欢迎我们？（出示三角形）

教师：噢，原来是我们的老朋友——三角形，它有什么特点呢？学生：三角形有 3 条边，有 3 个角。

教师：说得真不错，（边指边说）像这样直直的一条，就是它的边。

我们一起来数一数，1 条……3 条。

教师：你会用小棒围一个三角形吗？请小朋友们拿出小棒围一围吧。

教师：你觉得围的时候要注意些什么呀？

【设计意图】 用学生喜欢的动画带领进入本课的学习，让学生对已经学过的平面图形进行回顾，着重引导学生学会数一数这些直线图形的边，为新课的学习做好铺垫。

二、学习新知

1. 认识四边形

教师：现在啊，老师手里还有 1 根小棒，你能增加 1 根小棒，围出一个新的图形吗？试试看！

学生操作，教师巡视。（请 1 名小朋友上黑板演示）

教师：我们一起来看一下这名小朋友围的图形。这个图形有几条边？（4条边）你能数一数它的边吗？（学生边指边说）真不错，一起数……（板书：4 条边）

教师：老师这有一幅窗格图，你能从中找到 4 条边的图形吗？先和你的同桌说一说，再用水彩笔在作业纸上描出 2 个。

学生说一说，并操作。（2 人）

教师：谁来展示一下你描的图形？（实物投影）我们一起来数数，看看是不是有四条边？那你是怎么描的？还有谁也想来？一起数一数……

小结：刚刚，小朋友们找到了很多四条边的图形，虽然它们的形状、大小、位置不一样，但是它们都由 4 条边围成，像这样由 4 条边围成的图形就是四边形。（板书：四边形）我们一起来说一说。

教师：请小朋友们回忆一下，我们认识的图形中有哪些是四边形呀？（根据回答出示长方形和正方形）是的，请男生一起来数一数长方形的边？（1条……4 条)女生来数一数正方形的边。（1 条……4 条）

小结：长方形和正方形都有四条边，它们都是——四边形。

【设计意图】在概念的揭示过程中，我采取了让学生在摆一个三角形的基础上再添一根小棒的方式，让学生在摆的过程中，加深对"边"的认识。并且在描边的过程中，体验四边形的共同点。

2. 想想做做1

谈话：接下来，我们来玩一个快速抢答的游戏吧！（出示题目要求）

下面哪些图形是四边形，如果是，就用手势√来表示，不是就用手势×来表示。

教师：第一个，是吗？

你能说说理由吗？（因为它有4条边）

教师：一起来数一数。好的，第二个呢？

教师：理由？第三个呢？为什么不是？（因为它有3条边，是三角形）

教师：下一个？最后一个？为什么？（因为它没有围起来）

小结：看来，要判断一个图形是不是四边形，只要看它是不是由四条边围成的。

3. 认识五边形

教师：那老师添一条边把它围起来，现在这个图形有几条边呢？（2到3人说）一起数一数，你能帮它取个名字吗？（板书：5条边）

学生：五边形。（板书：五边形）

教师：屏幕上还有两个图形，一起来数数它们的边？（屏幕出示）

教师：它们各有几条边呀？（5条边）是的，它们都有5条边，所以它们都是……（课件显示）

教师：说得真好！认识了五边形，你想在钉子板上围一个五边形吗？（想）赶快动手试试吧！学生围一围，并展示围法（2人）

教师：围好了吗？谁来展示一下你围的五边形。（实物投影）

是五边形吗？数一数它的边。

你也来展示一下吧。

教师：老师这个是五边形吗？那请小朋友们睁大眼睛看好喽，老师啊把这条边向上一拉，瞧！得到了一个——五边形。

小结：看来，只要是由5条边围成的图形就是五边形。

4. 认识六边形

教师：老师这还有一些图形，你能一眼看出它们有几条边吗？（课件同时出示几个不同的六边形）

教师：数数看。（板书：6条边）

那你知道它们是什么图形吗？（板书：六边形）

教师：它们都有 6 条边，都是六边形。（课件出示）

小结：我们可以根据围成图形的边数来判断它是几边形，

4 条边围成的图形是——四边形　　　　数字描红

5 条边围成的图形是——五边形

6 条边围成的图形是——六边形

教师：那么 7 条边围成的图形呢？（七边形）8 条呢？10 条边呢？

教师：像这样边数比较多的图形，我们可以给它取个统一的名字，叫"多边形"。

（板书：多边形）

揭题：今天这节课，老师就和小朋友一起认识了多边形。（板书：认识）

【设计意图】通过观察、比较等方式寻找各个图形之间的异同，最后确定根据边的条数进行分类，并且能够根据边的多少给同类的图形取名，让学生清楚地知道多边形有几条边就是几边形。

5. 寻找生活中的多边形

教师：其实啊，多边形在我们的生活中随处可见，让我们一起去找一找吧。

课件出示：地砖、铅笔的横截面、提拉积木、墙饰等图片。

教师：从图片中你找到了哪些多边形？

小结：只要我们做个生活的有心人，就不难发现生活中的多边形。

三、巩固练习

过渡：图形王国里的几个新朋友想要邀请我们去玩闯关游戏，你们愿意吗？

第一关：数一数（完成想想想做做 3）

教师：这个图形由几条边围成的，就是几边形。我们就在图形上写一个 6。

下面还有许多多边形，你会照样子数一数，再写上数字，最后完成表格吗？

请小朋友们照样子完成作业纸上第 2 小题

学生独立完成，集体交流。

小结：要判断一个图形是几边形，只要数这个图形的边，有几条边就是几边形。

第二关：分一分（想想做做 4）

出示第（1）题

教师：请小朋友拿出作业纸，用铅笔和尺子分一分吧。

教师：谁来说说，你是怎么分的？（2人）（实物投影）还有其他不同的分法吗？

小结：好的，只要把两个相对的顶点用尺子连起来，就可以分成两个三角形。

出示第（2）题

教师：现在，老师把题目变一变：你能把一个四边形分成1个三角形和1个四边形吗？试试看。

学生操作，教师巡视。集体交流。

小结：一个小小的四边形，只要用画一根线的方法，就能把它分成两个不同的图形，真是太神奇了！

第三关：剪一剪（巡视指导）

教师：一起读一读题目

教师：拿起正方形纸，我们先来想一想。

老师啊，想把那条边剪得直直的，你有什么好办法？

学生：先折再剪、先画再剪……

学生操作，教师巡视。

交流展示：引导出3种情况。

教师：在一张正方形纸上剪去一个三角形后，剩下的可能是——三角形，可能是——四边形，还可能是——五边形。

第四关：找一找（想想做做5）

出示图形。

教师：你能找出这个图形中的四边形吗？自己在图中找一找，再和你的同桌说一说。

学生找，并交流。

教师：谁来说说你找到了几个四边形？（4个、6个……）

教师：你是怎么找的？（选一个说的最多的小朋友说说）

小结：为了能没有遗漏地数出全部的四边形，可以先找一个的，再找两个拼起来的，三个可以吗？四个呢？

【设计意图】通过数、分、剪、找等多样的方式，让孩子真正动起来，去了解巩固本节课所学的新知识，并且通过这些练习了解图形之间的联系。进一步产生对数学学习的兴趣和自信心，培养主动与同伴合作、交流的意识。

四、课堂总结

教师：今天在图形王国里都认识了哪些新朋友？

学生：认识了四边形、五边形……

师：你们啊，可不能小看了这些多边形！它在我们的建筑中运用可广了，让我们一起来欣赏一下吧！（边放边欣赏）

【板书设计】：

认识多边形

4 条边   四边形

5 条边   五边形

6 条边   六边形

【教学感悟】

在磨课中收获 在赛课中成长

我这次有幸被推荐参加了区小学优质课评比活动，但是在赛课之前，让我再一次经历了艰难但又收获满满的磨课过程。我在精心设计好教学预案之后试上过很多次了，每一次都有不同的收获。在这个过程中让我真正体验到磨课是一个成长的过程，这个成长来源于赵老师及他带领的数学组老师的指导和帮助。

每一次磨课，我都会与赵老师带领的数学组老师们一起讨论：讨论教学设计是否合理，教学目标是否达成，教学思路是否清晰，一个问题如何提问更加有效，怎样才会让学生更积极主动地参与……这个过程使我更好地感悟学生、感悟课堂，在磨课活动中，我不断总结，不断改进。

每一次的试教，赵老师总会认真听，听完后总会为我出谋划策，毫无保留地说出他的想法，帮助我理清教学思路、完善教学设计。每一次评课后，我将大家给我提出的问题进行整理、修改，完善自己的教案。经过透彻的分析与理解，在进行第二次、第三次……多次的调整后进行试讲，再次听课、评课，将每次试讲进行比较，总结出进步与不足。大家各抒己见，思维在交流中碰撞，许多真知灼见在相互的交流中产生。

总之，这次的磨课让我收获很多，感触也很多。特级教师黄爱华曾说："磨课、磨人。"经历了这次赛课的过程，我才真正体会到了磨课、磨人的味道。我在一次次的试教过程中磨教学环节、磨每个细节、磨我该说的每一句话……在这样的"磨砺"中，我得到了进步，得到了成长。

（注：李婷老师被评为相城区教学能手）

"认识射线、直线和角"教学实录及教学心得

相城区蠡口实验小学　刘婷婷

【教学内容】

苏教版义务教育教科书《数学》四年级上册第 77～78 页。

【教学目标】

1. 使学生经历观察、比较、画图和交流等活动，认识射线、直线和角，能掌握和说明这些图形的特征；了解两点之间的距离，并能量出两点间的距离；能用画射线的方法画角，知道表示角的符号和相应的记法和读法。

2. 使学生在观察、比较、画图和交流等活动中，理解线段、射线、直线之间的联系和区别，能按要求画图和测量，培养比较、抽象、概括等思维能力和画图、操作等技能，积累数学活动的基本经验，发展空间观念。

3. 使学生感受数学与生活的密切联系，积极参与学习活动并获得成功的体验，培养研究几何图形特点的意识和兴趣。

【教学重点】

认识射线、直线和角。

【教学难点】

建立"无限长"的观念和理解线段、射线、直线间的联系和区别。

【教学过程】

一、复习线段

1. 线段的特点

教师：同学们看，这是一根（毛线），如果我把它拉直，两手之间的这段毛线可以看成（线段）。（板书：线段）

教师：线段有哪些特点呢？

学生：直的，有两个端点　　（板书：直的　有两个端点）

【设计意图】从实物入手，在课堂起始就抓住学生的注意力，并回归教材，复习回顾线段的相关知识。

2. 画线段，感知有限长

教师：你会画一条线段吗？请你画在纸上。请一名同学上黑板演示。

教师：你是怎么画的呢？画的时候要注意什么？

学生：沿着直尺的边画一条直直的线，画完以后不要忘记添上两个端点。

教师：你画的线段有多长？自己量量看。

教师：同学们都用直尺量出了自己画的线段的长度，说明线段是可以（测量的），它的长度是有限的，数学上我们称为有限长。（板书：有限长）。

二、新授

1. 认识射线

（1）介绍射线。

教师：如果我们把线段的一端无限延长（教师画），就会得到一种新的线，这是射线。

教师：生活中其实我们经常见到这种线。（出示图片）

教师：汽车灯发出的光线是射线。

学生：手电筒发出了光线……

教师：它们都是射线。

（2）感知无限长。

教师：如果将手电筒发出的光线射向天空，并且有无穷的力量，这条光线会怎样？

预设：学生1：射向很远的地方。学生2：没有尽头。学生3：一直射下去。

教师：现在请同学们闭上眼睛，想象一下：这条光线穿过云层，射向天空，穿越宇宙，永远停不下来，一直延长，一直延长，无限延长。

教师：这样的光线有几个端点？（学生：1个）在哪？（学生：手电筒）

教师：你还能测出这条光线的长度吗？（学生：不能）

教师：为什么？

教师：我们把像这样，只有一个端点，能够无限延长的线叫做射线。

教师：请你把刚才画的线段一端无限延长，就得到一条射线。

【设计意图】 从"有限长"到"无限长"是认识上的一次突破，教师把握学生起点，给予学生充分的想象空间——"闭上眼睛，想象一下，这条光线穿过云层，射向天空，穿越宇宙，永远停不下来，一直延长，一直延长，无限延长"。让学生经历想象体验的过程，并利用直观图形的变化，感受无限延长的含义。从感知到想象，从有限到无限，符合儿童的认知规律。

（3）射线的特点。

教师：仔细观察，射线有哪些特点呢？把你的发现跟你的同桌说一说。

学生：直的，1个端点，无限长 （板书：直的 1个端点 无限长）

教师：对了，这条射线已经不能测出它的长度了，它的长度是无限的，我们称为无限长。

2. 认识直线

（1）介绍直线。

教师：刚才我们是把线段的一端无限延伸，就得到一条（射线），如果把线段的另一端也无限延伸，会得到一条怎样的线呢？仔细看（教师将另一端无限延长）

教师：这是一条直线。

教师：请你也把线段的另一端也无限延长。

（2）直线的特点。

教师：直线有哪些特点呢？（板书：直的 无限长 没有端点）

3. 归纳，比较异同

总结：同学们已经认识了线段、射线、直线，请你仔细观察，它们有什么相同点和不同点呢？四人一小组讨论。

组织学生归纳总结。

【设计意图】 射线、直线、线段是三种不同的几何图形。以线段为参照，认识射线和直线以后，及时比较它们之间的异同，通过学习伙伴间的交流、讨论、合作、表达，更能促进学生更好地理解这三种图形的本质特征。

4. 练一练第1题

教师：刚才我们一起探究发现了这 3 条线的特点，联系这些知识你能分辨下面哪些是线段，哪些是射线，哪些是直线呢？

①号线和④号线同样都是射线，我能不能说①号线比④号线长？为什么？

教师：嗯，因为它们都可以无限延长。

5．两点间的距离

（1）由生活实例引出两点间的距离。

教师：刘老师发现啊，有一名同学今天听得特别的认真。就是后面的这名同学。如果老师想从这到她那里，可以怎么走？

学生：直直地走。

教师：可以，还有其他办法吗？

学生1：…… 学生2：……

教师：刘老师把同学们说的三条路画到了屏幕上，哪一种最短呢？

教师：为什么呢？学生：……

教师：口说无凭，我们拉直了比比看。（教师操作）确实是中间的最短。

教师：中间这条路我们可以看作什么？

学生：线段。

教师：说明两点之间，线段最短。我们把连接这两点（演示操作）的线段的长度就做这两点间的距离。

教师：这两点的距离到底是多少呢？请同学们打开课本翻到77页，自己量量看，以毫米作单位。

（2）练一练第2题。

教师：刚才我们找出了AB这两点间的距离，如果老师让你在纸上任意画出两点，并量出它们的距离，你会吗？

学生完成作业纸第1题，并交流是怎么做的。

6．过一点画射线

刚才我们已经知道了，过两点能画一条线段。过一点能画多少条射线呢？这是一点。给同学们15秒钟时间，自己画画看。

停，你画了几条？你呢？你呢？还有比他更多的吗？

同学们想想看，如果没有时间限制，我们可以画多少条？（学生：无数条）

7．认识角

（1）角的概念。

教师：过一点可以画无数条射线。如果过一点，只画两条射线，会是什么图形呢？

学生画角。

教师：这是老师收集到的同学们画的图形。

教师：这是（锐角），这是（直角），这是（钝角）它们都是（角）

教师：刚才大家都是怎么画角的？（学生：先画一点，再引出两条射线）教师相机画角。

教师：由一点引出两条射线就组成角。

（2）回顾角各部分名称。

教师：你能指出角的顶点和边吗？谁上来指指看。

教师：角有几个顶点，几条边？（学生：一个顶点，两条边）

教师：这个顶点和两条边就组成一个角，我们用小弧线表示。

教师：请你给自己画的角标上顶点和边。

（3）角的大小与边的长短无关、只跟两边叉开的角度有关。

教师：同学们，老师能把这两条边画长一点吗？（能），能画的短一点吗？（能）

教师：为什么？

学生：因为这两条边是射线，射线是可以无限延长的。

教师：如果边变长了，角的大小改变了吗？（学生：没有）

教师：边变短呢？（学生：没有）

教师：为什么？

学生：因为角的大小跟边的长短无关，跟两边叉开的大小有关。

（4）角的符号、记法、读法。

教师：角的符号是什么呢？角度记法和读法又是怎样的呢？请你自学课本78页，看好以后跟你的同桌说一说。

教师：角的符号是什么？画给老师看看。

教师：这个符号和我们以前学过的什么有点像（学生：小于），区别在哪呢？

教师：角的记法是什么？

为了区分不同的角，我们可以给角编号，可以用数字，也可以用字母。这边写 1，它就记作∠1，读作：角一。如果老师再画一个角，可以记做？（角二）

教师：你们画的角呢？请将自己所画的角用喜欢的数字或字母编号。

【设计意图】 让学生通过自学，认识角的符号、角的各部分名称，符合学生的认知特点，有利于培养学生的自学能力。通过教师的讲授和补充设问，能够帮助学生建立有关角的初步概念；通过练习既能复习直角、锐角、钝角，感悟角的意义，又能对学生进行空间观念的培养。

三、练习巩固

1. 练一练第 3 题：以下面射线为一条边，画一个角。

2. 补充题：从一点引出三条射线能组成几个角呢？

总结：从一点出发，任意两条射线都组成角。

四、总结、拓展运用

1. 学习总结

2. 拓展运用

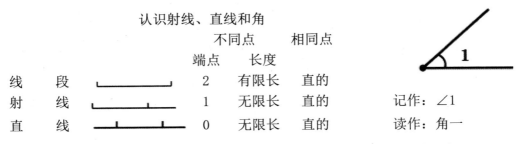

问题：图中你看到了几条直线，几条线段，几条射线？

教师：你是怎么数的呢？谁上来数一数。

结束语：有人说知识像直线，因为学无止境；也有人说，知识像射线，因为学习总有一个起点；我觉得，知识像线段，因为人的生命是有限的，有始有终，希望同学们能利用有限的时间，畅游在无限的知识海洋里。

【板书设计】

认识射线、直线和角

		不同点		相同点	
		端点	长度		
线 段		2	有限长	直的	
射 线		1	无限长	直的	记作：∠1
直 线		0	无限长	直的	读作：角一

【教学一得】

创造性地利用想象

学生在二年级时已初步认识了线段和角，虽然四年级学生的空间观念有一定发展，但仍以形象思维为主。而本课的射线、直线和角都是数学化符号，具有较高的抽象性。因此，本课我首先复习了线段，在此基础上学习射线和直线，并让学生讨论三线的联系和区别。通过赵老师的指导，我对本节课有以下认识：

1. 感知表象，体会射线"无限长"

试讲的过程中，我一开始是打算从复习线段的特点入手。利用将手电筒的灯光打在墙上有一个点，形成两点之间的线段而引入今天的课题，但这样设计却大大阻碍了下一环节中让学生来体会和想象光线射向远处的过程，感受射线无限长的特点。

面对这个困惑，赵老师跟我说虽然数学源于生活，许多的数学知识与生活有着密切的联系，可以在现实生活中找到"原型"。但是也有许多数学概念是想象的产物，比如射线和直线在生活中就没有物理原型，它存在于人们的想象之中，是想象的产物。既然在生活中也找不到一个看得见、摸得着的"无限长"的原型，那么依赖直观抽象出的概念就显得很苍白、生硬。

赵老师耐心地指导：要让学生建立起"无限长"的表象，最有效的办法是借助"想象"，"无限长"虽看不清、摸不着，但是能想象出来。因此赵老师建议我要给予学生充分的想象空间——"闭上眼睛，想象一下，这条光线穿过云层，射向天空，穿越宇宙，永远停不下来，一直延长，一直延长，无限延长……"。让学生切实经历想象体验的过程，并利用直观图形的变化，感受无限延长的含义。

2.注重知识的衔接拓展

教学"两点间的距离"概念，原来我是直接出示教材上的图片，问学生连接 A、B 两点间的三条线段哪条最短。但这样的问题放在射线的知识点后有些突兀。赵老师指导，可以设置一个情境：班里的某个学生听得特别认真，如果我想到他那，奖给他一朵小红花，可以怎么走。学生知道有许多不同的路线：可以直走，绕着走……从中选 3 条路线问学生哪条最短，学生一下子就知道是直走最短，从而得到"两点之间线段最短"，也引出了"两点间距离"的概念。这样既可以活跃气氛，调动学生积极性，又能起到承上启下的作用，知识点间也得到了衔接。

3.培养动手操作能力

动手操作是学习数学的重要途径和方法之一，对于概念课的学习更是需要大量的动手操作，使学生经历、体验、感悟知识的形成过程。本节课给学生提供了自主探索的机会，让学生成为学习的主人。比如在"过一点能画多少条射线？"的问题上，赵老师说可以给学生提供 10 秒的时间，让学生比赛画射线，有的同学得到 3 条、5 条、8 条、15 条，甚至更多。使学生明白，当没有时间限制时，可以一直画下去，能画无数条。角的概念也是在学生尝试过一点画两条射线的基础上形成的，从而让知识的形成根植于学生的动手操作中。

（注：刘婷婷老师被评为相城区教坛新秀）

"百分数的认识"教学实录及教后反思

相城区蠡口实验小学　陆　婷

【教学内容】：

苏教版义务教育教科书六年级上册第六单元第一课时例1，试一试、练一练，练习十六1-4。

【教学目标】：

1. 学生在现实情境中，认识百分数，理解百分数的意义。深化对百分数意义的理解。能够正确读、写百分数。

2. 在自主探究问题的过程中，在表达交流的过程中，提高增强自主探索和学习的能力。

3. 探索百分数与分数、比的区别和联系的过程中进一步体会知识间的内在联系。在资料收集的过程中，体会百分数与生活的密切联系。

【教学重难点】：

百分数的意义的理解

【教学过程】：

　一、创设情景，初步感知

教师：（播放蠡口实验小学篮球队比赛的视频录像）篮球是我们蠡口实验小学的传统强项。

出示例1

教师：最近学校篮球队参加了三场比赛。王老师对三场比赛的投篮情况进行了统计。（出示例1的表格投中次数）你能比较哪一场投得准一些吗？

预设：1.第三场准一些。　　2.不能比，因为没有投篮次数。

（课件出示投篮次数）

教师：现在能比哪一场投得准了吗？怎么比？同桌互相讨论一下。

学生：可以算出每场比赛投中次数占投篮次数的几分之几。

【设计说明】这一环节中课件先出示投中次数，引导学生进行问题和条件之间的思考，从而得出只看投中次数无法判断"哪一场投得准一些"的，即无法解决问题。之后再次出示了投篮次数，引导发现两个条件之间的关系，经过知识的迁移得出应该求"投中次数占投篮次数的几分之几"的结论，为解决本节课的重难点找准了突破口。】

二、主动探索，形成概念

1. 计算交流

学生独立计算三场比赛投中次数占投篮次数的几分之几（师巡视、指导），出示表格，让学生交流计算结果，课件同步呈现。

教师：谁再来说一说这里的 16/25、13/20、3/5 分别表示什么意义呢？

根据学生回答，出示课件：

第一场投中次数占投篮次数的 16/25；

……

2. 通分比较，引入百分数

引导：根据上面计算出的比率，你能比较出哪一场投得准一些吗？你准备怎么比？把你想到的方法和同桌说一说。

预设：（1）把三个分数都化成小数后，比较大小

（2）把三个分数通分后，比较大小

问：如果把这三个分数通分后再比，那要化成分母是多少的分数呢？

说明：是的，为了便于统计和比较，通常把这些分数化成分母是 100 的分数。在草稿纸上把这些分数化一化。

交流通分转化成的百分之几，并接前面的内容课件分别出示 64/100、65/100、60/100。

教师：比较一下三个分母是 100 的分数大小，现在你能马上看出哪一场投得准一些吗？为什么？

学生：因为第二场的投中比率最大。根据回答，出示课件（65/100＞64/100＞60/100）

教师：是的，65/100 最大，说明第二场投中的比率最高，因此第二场投篮准一些。

3. 初步理解百分数

教师：这里的 64/100 表示哪个数量是哪个数量的一百分之六十四？

65/100、60/100 呢？

追问：再来看这三个分数表示的含义，有什么共同点？

教师：像这样表示一个数是另一个数的百分之几的数，叫作百分数。（板书）

揭题：今天，我们就一起来认识百分数。（板书课题：认识百分数）

教师：百分数通常不写成这样的分数形式，以 64/100 为例，先写分子 64，后写上百分号来表示。百分号先写个斜线，在左上角写一个小圆圈，再在右下角写个小圆圈。（板书：64/100 写作：64%，读作百分之六十四）。请你们把剩下的两个也写成百分数的形式，再读一读。（请一名学生到黑板上写，集体读。）

学生一齐读三个百分数。

【设计说明：百分数是表示两个数量之间的一种关系，学生要认识、理解百分数，首先要认识到这一点。这里让学生在理解分母是 100 的分数意义的基础上，比较三个分母是 100 的分数表示的意义"有什么相同的地方"，从而概括出百分数的意义。学生经历这样的过程既符合概念形成的规律，又有利于理解百分数的概念。】

4．联系实际，深入理解百分数

完成"试一试"

教师：第 1 题中把哪个数量看作单位"1"。如果把女生人数看作 100 份，那么男生人数相当于这样的几份？男生与女生人数的比是几比几？

教师：第 2 题把谁看作单位"1"？

学生：把货物总量看作单位"1"，已经装船的货物与货物总量的比是 75∶100。

追问：现在你知道百分数与我们学过的什么知识有联系了吗？（比）

指出：百分数实际上表示了两个数量之间的比的关系，所以，百分数也叫作——（百分比）（板书：百分比）

学生：第 3 题中，把全班人数看作单位"1"，近视人数占全班人数的 20%。

教师：是的，近视人数占全班人数的百分之几就是这个班学生的近视率。所以百分数又可以叫作——百分率。板书（百分率）

【设计说明：此环节以填空的形式，帮助学生进一步完善对百分数意义的理解，启发学生体会百分数与分数、比之间的联系，初步理解百分数又叫作百分比或百分率，以进一步丰富对百分数意义的感知。】

三、练习巩固，深化认识

1. 练一练第1题

学生独立完成后，集体交流。

提问：第一幅图里谁占谁的百分之七，谁占谁的百分之九十三？

教师：还能看第二图也这样说一说吗？

问：最后一个，你是先填的哪一个呢？

教师：原来涂色部分和空白部分合起来就是100%。

(2)我们从左往右看看，随着涂色份数越来越多，表示涂色部分的百分数越来越大，越来越接近100%，也就是1，而没有涂色的越来越接近0%。

2. 生活中的百分数

教师：课前，老师布置同学们收集了一些百分数，同桌互相说说你收集的百分数表示的含义。（请几个同学上黑板板书）

请这几名同学给大家介绍一下你收集的百分数，选取其中的一个或两个说一说它的含义。

追问：想问问同学们，寻找收集百分数，你觉得困难吗？

是啊，百分数在我们的生活中是很常见的！它可以用在很多地方！

【设计说明】这一环节让学生举例说出生活中的百分数，并说说其含义，既加深了学生对百分数意义的理解，又让学生体会到百分数在日常生活中的广泛应用。】

3. 完成练习十四第1题

说说每个百分数表示的意义。同桌互相说。

4. 完成练习十四第3题

哪几个分数可以用百分数来表示？哪几个不能？为什么？

①一堆煤 97/100 吨，运走了它的 75/100。

②23/100 米相当于 46/100 米的 50/100。

指出：为什么 75/100、50/100 能化成百分数，而 97/100 吨、23/100 米、46/100 米不能化成百分数呢？

追问：现在你知道百分数和分数之间有什么联系与区别了吗？

【设计说明】这一题呈现了两组分母是 100 的分数描述的信息，要求学生判断哪些分数可以用百分数表示，通过比较，帮助学生进一步理解了百分数与分数的联系与区别，加深了学生对百分数意义的理解。】

5. 选择合适的数填空

出示课件百分数和分数，并一齐读

1%   45%   98.8%   100%

200%   0.03% $\dfrac{5}{9}$ 50%

我们学校的女生人数占 49%。

我们学校的女生人数也占 49%。

这两个学校的女生人数一定相等吗？为什么？

【板书设计】：

认识百分数

表示一个数是另一个数的百分之几的数叫作百分数。（百分比、百分率）

64/100 写作 64%　读作 百分之六十四

65/100 写作 65%　读作 百分之六十五

60/100 写作 64%　读作 百分之六十

【教后反思】

　　此次校本教研活动，我选择上六年级上册第六单元第一课时的"认识百分数"这一课。对于一位教师来讲，"磨课"的过程是一个学习、研究、实践的过程，也是一个合作交流、反思创新的过程，最主要是教师专业成长的过程。在赵老师多次帮我磨课的过程中，我的收获很多。

　　本节课教学的主要内容是百分数的意义，通过本节课的学习，让学生理解百分数的意义，会读写百分数，并且理解百分数和分数的联系与区别。在选定课题初期，我比较迷茫，因为这是我第一次教六年级，对六年级的教材和学生情况并不怎么熟悉。通过赵老师帮助我对教材的深度解读，以及我对教学参考书进行了仔细研读，并了解了我班学生学情后，认识到了百分数在学生的生活、社会生产中有着广泛应用，大部分学生都直接或者间接接触过一些简单的百分数，对百分数有着一些零散的感性认识。对百分数意义的深刻理解是教学的重点，弄明白百分数与分数在意义上的区别是教学的难点。基于对以上情况的了解第一次形成了我的教学设计和课件。

　　接下去就是第一次试讲，本来觉得挺合理的教学设计，一试讲就发现问题了。赵老师凭借丰富的经验，指出了我的许多不足，并指导我应该怎样修改。如，在教学例题时，探索"哪一场比赛投得准一些？"这个问题时小组讨论占用的时间太多，效果是有的，但花的时间与效果不成正比，另外小组汇报交流的形式与效果也不太好，没有出现预期的生生互动。这样一来，既花费了不少课堂时间，又未收到好的教学效果。赵老师就指出要把例题中的"投中次数"和"投篮次数"分层次出示。先出示每一场比赛的"投中次数"，让学生看能否比较"哪一场比赛投得准一些？"经过讨论，学生知道光凭"投中次数"一个数量是没办法比较的，因为还不知道每一场的"投篮次数"，然后再根据需求顺理成章地给出每一场的"投篮次数"。这样学生就知道要比较"哪一场比赛投得准一些？"光凭一个数量不行，而是要比较两个数量之间的关系，这样就为认识百分数奠定了一定的基础。再比如，在让学生找找生活中的百分数这一环节中，我一开始没让学生课前收集，只是在课堂上让学生说，由于这一环节准备不充分，学生即使说出了生活中的百分数，也很难说出百分数的意义。针对这一环节，赵老师就建议我课前就让学生从生活中找一找百分数，并把找到的百分数剪下来收集好带到课堂上一起讨论。通过课前收集学习素材，既能进一步理解百分数的意义，也让学生深刻感受到百分数在生活中无处不在。

根据赵老师的建议，我进行了修改并再次试教。与第一次的教学相比，教学效果有了明显的提高。但是赵老师对于每一个细节都不放过，在接下来的指导中将每个教学环节——打磨，几次试讲之后，整节课层次清晰，重点突出，而且每个环节都处理得非常细腻。

从一开始选定课题后的迷茫，到后来正式上教研课时大家对我的认可，离不开赵老师对我的细心和耐心的指导。伟大的数学家毕达哥拉斯曾说过，"在一切平面图形中，圆最美"。磨课就是一次次研磨课堂教学、追求有效教学，力求使课堂呈现出完美的圆的过程。

总之，经历一次次的磨课过程，让我对自己平时的教学有了更深刻的反省和更高的要求。"路漫漫其修远兮，吾将上下而求索"。在以后的教学中，我将充分利用一切学习机会，多实践，多反思，不断地积累教学经验，不断地提升自身的教学能力。

（注：陆婷老师被评为相城区教坛新秀）

●赴英国参加创新课程
教师专项培训

●在苏州市小学数学
骨干教师专题培训活
动上作讲座

●参观访问伦敦
Kingsbury Green 小学

●在苏州市特级教师
后备高研班展示观摩
活动中上公开课

●指导青年教师